Joachim Buse & Gundula Göbel

Partnersuche im Internet für die zweite Lebenshälfte

Joachim Buse & Gundula Göbel

Partnersuche im Internet für die zweite Lebenshälfte

So finden Sie online
eine neue Liebe

Kösel

Sollte diese Publikation Links auf Webseiten Dritter enthalten,
so übernehmen wir für deren Inhalte keine Haftung,
da wir uns diese nicht zu eigen machen, sondern lediglich
auf deren Stand zum Zeitpunkt der Erstveröffentlichung verweisen.

MIX
Papier aus verantwortungsvollen Quellen
FSC® C083411

Verlagsgruppe Random House FSC® N001967

Umschlag: Weiss Werkstatt, München
Redaktion: Ralf Lay
Satz: Satzwerk Huber, Germering
Druck und Bindung: CPI books GmbH, Leck
Printed in Germany
ISBN 978-3-466-34711-7
www.koesel.de

Dieses Buch ist auch als E-Book erhältlich.

*Dieses Buch ist allen Partnersuchenden gewidmet,
deren Herzenswunsch darin besteht,
Geborgenheit, Liebe und Vertrauen in einer
neuen Beziehung zu finden.*

Inhalt

Liebe Leserin, lieber Leser

Dieses Buch beschreibt die wahre Geschichte einer Partnersuche im Internet, die sich tatsächlich so wie hier dargestellt zugetragen hat. Die Geschichte ist so außergewöhnlich, dass wir sie aufgeschrieben und zu einem Leitfaden für die Partnersuche im Online-Dating erweitert haben.

Im Online-Dating sind alle Partnersuchenden »per Du«. In gleicher Weise ist es uns wichtig, den Kontakt zu dir ganz persönlich aufzubauen.

Unser gemeinsam verfasstes Buch erzählt die Geschichte von Joachim, der nach langjähriger Ehe eine neue Partnerin gesucht und auf eine ziemlich einmalige Weise in einer Online-Partnerbörse eine liebenswerte Frau kennengelernt hat. Joachim beschreibt emotional, ehrlich und nachvollziehbar seine Erlebnisse bei der Partnersuche. Es war seine Idee, diese Geschichte als Buch zu veröffentlichen, um damit dir und den vielen Partnersuchenden das Online-Dating näherzubringen und Vorbehalte und Ängste gegenüber dieser Form des Kennenlernens und Verliebens zu nehmen. Um die Gefühle rund um die Partnersuche angemessen einschätzen zu können, hat Gundula zu den jeweiligen Abschnitten kurze fachliche

Beschreibungen hinzugefügt, welche Gedanken und Einstellungen bei den meisten Menschen und wahrscheinlich auch bei dir vorherrschen.

Wir Autoren kennen uns seit mehr als 35 Jahren. Eine weitere Person, die in diesem Buch zunehmend an Bedeutung gewinnt, hat es autorisiert: Es ist Joachims neue Partnerin, die du ebenfalls hier kennenlernen wirst. Die Vornamen, Altersangaben und Berufsbezeichnungen aller übrigen benannten Personen wurden verändert, um deren Anonymität zu wahren. Die Kommunikationsinhalte entsprechen jedoch den tatsächlichen Dialogen und Abläufen.

Allein beim Marktführer des Online-Datings in Deutschland sind nach eigener Angabe etwa 5,2 Millionen Frauen und Männer registriert. Die Gesamtzahl der Partnersuchenden im deutschen Internet dürfte bei kaum vorstellbaren zehn Millionen Mitgliedern liegen. Das Glück der Suchenden zu begünstigen, sie zu motivieren und sie auf der Suche nach einer glücklichen und von Liebe getragenen Partnerschaft zu begleiten ist Sinn und Zweck unseres Buches.

Anmeldung

Freitag, 21. Oktober

Mein PC fährt gerade hoch. Ich habe mir diesen »freien« Nachmittag eingeräumt, um mich in aller Ruhe bei einer Partnerbörse im Internet anzumelden. Mir ist zum jetzigen Zeitpunkt noch nicht bewusst, was in den nächsten Tagen auf mich zukommen wird. Ich habe keine Vorstellung davon, wie ich mich anmelden muss und wie man in der Gemeinschaft der Partnersuchenden miteinander kommuniziert. Ich bin einfach neugierig und erwartungsvoll.

Hoffen und Bangen liegen nah beieinander: Werde ich eine Frau kennenlernen, die mich fasziniert, die mein Herz berührt, mir den Verstand raubt und mein Leben bereichert? Wie wird sich das virtuelle Kennenlernen gestalten? Wie entscheide ich, was ich von mir zeige? Worauf werde ich wohl achten müssen, um authentisch und erfolgreich zu vermitteln, wer ich bin und was ich vom Leben will? Werde ich auf Fallstricke achten müssen? Wie wird sich mein Leben mit einer Partnerin an meiner Seite verändern? Wie wird meine Zukunft aussehen, wenn ich das Glück erfahre, nicht länger allein zu sein, sondern einen Menschen kennenlerne, mit dem ich mein Leben gestalte? Und welche Erwartungen werde ich erfüllen müssen, um im digitalen Austausch einer Frau zu gefallen, ihre Aufmerksamkeit und ihr Interesse an mir zu wecken? Viele Fragen bewegen mich. Was vor mir liegt, ist neu für mich. Es ist in jeder Hinsicht unbekannt, unplanbar und unbeschreiblich. Ich bin neugierig und hoffnungsfroh.

Zwei meiner Bekannten haben beim selben Dating-Anbieter ihre Lebenspartnerin gefunden und sind heute offenbar glücklich mit dem Resultat ihrer Suche. Dieses Beispiel vor Augen, bin ich optimistisch, dass ich den beiden Vorbildern folgen werde und dass es auch bei mir klappen wird.

Auch deine Gedanken führen dich vielleicht immer häufiger zu der Frage, ob du einen neuen Partner kennenlernen möchtest. Manchmal bist du mutig und voller Sehnsucht und ein anderes Mal ganz ängstlich bei dem Wunsch, dich nach einem Partner umzusehen. Ob du zum jetzigen Zeitpunkt bereit für eine neue Liebe bist, hängt wesentlich von deiner eigenen Lebensgeschichte und deinen Erfahrungen in früheren Beziehungen ab. Da jeder Mensch einzigartig ist, keine Biografie einer anderen gleicht und Beziehungen jeweils ganz unterschiedlich gestaltet und erlebt werden, ist auch der richtige Moment für den Beginn einer Partnersuche individuell verschieden. Während bei dem einen eindeutig der Punkt gekommen ist, an dem er sein Ziel und den Weg dorthin ganz klar vor sich sieht, muss der

Entschluss zur Veränderung bei einem anderen noch reifen, damit er sich ganz sicher ist und nicht überstürzt handelt. Wichtig ist, dass deine Motivation »von innen« kommt und es dein eigener Wunsch ist, zu dem von dir selbst gewählten Zeitpunkt die Initiative zu ergreifen und auf dem Weg, den du selbst ausgesucht hast, aktiv zu werden. Melde dich nur dann bei einem Dating-Anbieter an, wenn du es für dich wirklich als eine gute Möglichkeit siehst, um einen liebevollen Partner kennenzulernen. Dem sozialen Druck von Kollegen, der Familie oder von Freunden solltest du dich nicht beugen. Denn das Kennenlernen eines Partners ist eine Herzensangelegenheit; und ob du bereit dazu bist oder eben noch nicht, kannst nur du für dich entscheiden.

Eigentlich strebe ich eher nach Sicherheit und scheue die Überraschung. Vom Typ her bin ich der Planer, der nichts dem Zufall überlässt und stets einen Alternativplan abrufbereit hat. Ich bin kein Kontrollfreak, aber meine Lebenserfahrung hat mich gelehrt, dass sorgfältige Vorbereitung und Konzentration auf die wesentlichen Dinge gute Voraussetzungen für Erfolg und das erwünschte Ergebnis sind. Natürlich ist nicht alles planbar. Erfolg hat auch eine ganz andere Seite. Spontaneität, Improvisationstalent und die Bereitschaft, eingefahrene Wege zu verlassen und das Undenkbare zu versuchen, gehören ebenfalls dazu. Wer nichts wagt, kann nichts gewinnen. Wer eine Partnerin oder einen Partner sucht und nicht die Leinen losmacht und seinem inneren Kompass vertrauend einfach lossegelt, wird aller Wahrscheinlichkeit nach ohne Ziel am Kai des Lebens angeleint dümpeln und partnerlos bleiben. Das will ich mit Sicherheit nicht. Ich habe ein Ziel, eine ziemlich klare Vorstellung davon, wie meine Zukunft aussehen soll. So wie mein Leben jetzt ist, soll es auf keinen Fall bleiben. Das sagen sich wahrscheinlich viele Menschen, die auf der Suche nach ihrem ganz persönlichen Partnerglück unterwegs sind und auf ihrem bisherigen Weg ganz unterschiedliche Erfahrungen gesammelt haben.

Wie sieht es bei dir aus? Hast du dein Ziel klar vor Augen? Weißt du, was du dir von der Zukunft versprichst? Bist du motiviert, aktiv nach dem neuen Partner/der neuen Partnerin zu suchen? Oder hält dich innerlich etwas zurück? Vielleicht fühlst du dich noch gar nicht bereit für neue Kontakte? Oder dein Herz ist noch durch frühere Erfahrungen, Trauer oder emotionale Verletzungen verschlossen? Falls das so sein sollte, bedeutet dies nicht, dass du die Partnersuche aufschieben müsstest, aber du solltest dich mit deinen inneren Gefühlen und Bedürfnissen auseinandersetzen und sie dir bewusst machen, damit du dich für eine neue Partnerschaft öffnen kannst.

Im Folgenden beschreiben wir dir einige mögliche Gründe für eine neue Partnerschaft. Um deine innere Bereitschaft zu prüfen, solltest du deine persönlichen Bedürfnisse und deine Motivation kennen.

Wir sprechen in diesem Buch immer von der Partnersuche. Was bedeutet der Begriff »Partner« respektive »Partnerin« für dich? Suchst du eine Beziehung, in der Gemeinsamkeiten, Emotionen, Nähe, Wärme, zärtliche Berührungen, Geborgenheit und Sicherheit wichtig sind, Sexualität jedoch wenig oder gar nicht vorkommt? Oder wünschst du dir eine intime Beziehung, in der es besonders um sexuelle Bedürfnisse geht? Stellst du dir eine lose Partnerschaft mit vielen Freiheiten vor, oder wünschst du dir jemanden, mit dem du am liebsten für immer zusammenleben und eine gemeinsame Zukunft gestalten möchtest? Überlege genau, was du dir von einem Partner wünschst, denn eine Partnersuche wird nur dann erfolgreich sein, wenn die jeweiligen Ziele der beiden Partner übereinstimmen. Diese kannst du dann später in deinem Profil angeben oder dir danach den für dich angemessenen Online-Anbieter aussuchen. Du ersparst dir viele Enttäuschungen aufgrund zu hoher oder anderer eventuell nicht erfüllbarer Erwartungen an deine zukünftigen Kontaktpersonen. Außerdem sorgst du gut für dich, indem du dir selbst Fragen gestellt und dir die Antworten bewusst gemacht hast. Du passt auf dich auf, denn nur du weißt, warum du jetzt einen Partner suchst und was dich bewegt, dich auf der Dating-Plattform anzumelden.

Auf der Plattform hast du die Möglichkeit, deine Wünsche zu formulieren. Damit du sie klar und unmissverständlich kommunizieren kannst, werden wir im Folgenden beispielhaft einige Beweggründe beleuchten (doch gibt es noch eine Reihe anderer Motivationen, warum du nun auf die »Suche« gehst). Du hast jetzt die Chance, deine Erwartungen, Sehnsüchte und Hoffnungen genauer unter die Lupe zu nehmen. Denn wir wollen dir helfen, erfolgreich deinen Partner unter all den anderen

Suchenden zu entdecken, aber auch deine Chancen vergrößern, entdeckt zu werden. Lies die möglichen Beweggründe, wenn sie dein Interesse wecken. Falls du dir darüber schon im Klaren bist, findest du vielleicht dennoch die eine oder andere Anregung.

Einsamkeit überwinden

Vielleicht fühlst du dich im Alltag oder bei bestimmten Gelegenheiten wie Geburtstagsfeiern als »fünftes Rad am Wagen«, oder beim Spaziergang siehst du überall nur Paare, und es entsteht ein Gefühl des Alleinseins oder der Einsamkeit. Wobei Alleinsein aber nicht automatisch gleich Einsamkeit bedeuten muss. Vielleicht bist du allein, aber ganz zufrieden mit dir und deiner Lebenssituation und kannst sie auch genießen. Oder fehlen dir verlässliche Freunde? Fühlst du dich vielleicht nicht willkommen bei anderen Menschen? Kennst du solche Gefühle eventuell noch aus deiner Kindheit? Allein essen zu gehen löst bei dir Angst oder Verunsicherung aus? Dann kann das Alleinsein zu einer psychischen Belastung für dich werden. Einsamkeit, die tiefe Zweifel in uns aktiviert und uns manchmal zum sozialen Rückzug bewegt, kann uns krank werden lassen. Lass es nicht so weit kommen. Kannst du deine Gedanken, Bedürfnisse und Sehnsüchte keinem vertrauten Menschen mitteilen, obwohl du es möchtest? Willst du an Gruppenaktivitäten nicht mehr allein teilnehmen? Wir sind soziale Wesen und haben somit fast immer ein Bedürfnis nach dem Zusammensein mit vertrauten Menschen, wünschen uns die Nähe eines anderen und innere Sicherheit. Dieses Bedürfnis kann deine Motivation sein, einen Partner oder eine Partnerin auf der Dating-Plattform kennenzulernen.

Eventuell solltest du deine Partnerin beziehungsweise deinen Partner in der Nähe deines Wohnorts suchen, denn wahrscheinlich entspricht eine Fernbeziehung eher nicht deinen Vorstellungen (bei vielen Anbietern hast du die Möglichkeit, einen Radius anzugeben).

Gib der Einsamkeit keine Chance.

- Bist du nicht gern allein und fühlst dich damit unwohl?
- Ist dir beim Gedanken, allein essen zu gehen, unbehaglich zumute?
- Ist sozialer Rückzug oder Vermeidung von Einladungen oftmals deine Strategie?
- Empfindest du das Alleinsein als eine große Belastung?
- Kennst du Gefühle der Einsamkeit mit Selbstzweifeln?

Wenn du solche Fragen mit Ja beantwortest, ist dies ein Hinweis darauf, dass du dir einen liebevollen Partner an deiner Seite wünschst. Möglicherweise ist die Erkenntnis ein Anstoß, diese Situation aktiv zu verändern, deine Komfortzone zu verlassen und auf Partnersuche zu gehen.

Sorgen und Glück teilen

Vielleicht hast du viele Freizeitaktivitäten, unternimmst tolle Reisen oder hast guten Kontakt zu Freunden oder Kollegen, im Beruf viel zu tun, und eigentlich ist dein Leben reich gefüllt. Du vermisst es dennoch, mit einem Partner/einer Partnerin deine Freuden emotional zu teilen. Ebenso würdest du gern deine Enttäuschungen mitteilen. Du nimmst dir keine Zeit, oder dir fehlt die Zeit oder Gelegenheit, einen passenden Partner kennenzulernen:

- Ist dein Leben pulsierend, aber du wünschst dir von Herzen einen Partner?
- Würdest du dich gern über alltägliche Dinge, Sorgen und dein Glück mit einem Partner nonverbal oder verbal austauschen?
- Wünschst du dir Trost, Aufmunterung und Stärkung?
- Möchtest du dein Glück, deine guten Gefühle und für dich bedeutsame Erlebnisse/Momente wie zum Beispiel Sonnenuntergänge, Meeresrauschen oder kulturelle Veranstaltungen mit einem vertrauten Partner teilen?
- Du hast Sehnsucht nach gemeinsamen Glücksgefühlen?

Wenn du bei einem Großteil dieser Fragen zustimmen kannst, spricht vieles dafür, dich auf einer Dating-Plattform anzumelden. Gerade wenn du Enttäuschungen erlebt hast oder »das Glück eine Pause eingelegt hat«, verspürst du jetzt vielleicht das Bedürfnis nach Veränderung.

Gespräche und vertrauter Austausch

Du kommst eigentlich gut zurecht, und dein Alltag ist wie bei den meisten Menschen gefüllt mit vielen guten und manchen weniger positiven Erfahrungen. Du hast Bekannte oder Freunde und Hobbys. Aber wenn du jemanden zum Reden, Austausch oder für eine gemeinsame Unternehmung brauchst, hat niemand Zeit für dich. Du wünschst dir bedingungsloses Zuhören und Gespräche, wann immer du sprechen möchtest:

- Hörst du bei der Bitte um ein Gespräch oft von Bekannten oder Freunden, sie müssten arbeiten, ihre Eltern benötigten Pflege oder die Kinder seien krank – sie hätten leider keine Zeit?
- Hast du Bedenken, Freunde oder Bekannte um ein Gespräch zu bitten?
- Glaubst du zu stören, da deine Freunde eine Familie beziehungsweise einen Partner haben?

Wenn du hier mit Ja antwortest, gibt sich dein möglicher Wunsch nach einem verlässlichen Gesprächspartner zum »Klönen«, Austauschen und Diskutieren zu erkennen. Einer Anmeldung beim Online-Dating steht nichts im Wege. Warum? Weil Gespräche mit einer sympathischen, vertrauten Person ein Gefühl der Verbundenheit und Entlastung aktivieren. Gespräche verbinden, wir erleben Gefühle von Nähe, Verständnis, und es wird spürbar: »Ich bin dem anderen wichtig, er interessiert sich für mich.« All diese Erfahrungen stärken das Selbstbewusstsein. Bei der Wahl deiner Online-Plattform ist es gut, sich für eine zu entscheiden, wo es nicht um kurze Flirts geht, sondern um den Aufbau einer langfristigen Beziehung, und diesen Wunsch auch zu formulieren.

Soziale Bedürfnisse nach verlässlicher Bindung

Bindung ist ein Grundbedürfnis und bedeutet, dass du dir in guten wie auch schwierigen Zeiten Sicherheit, Schutz und Geborgenheit wünschst und auch brauchst. Bindung ist eine lang anhaltende innere Verbindung zwischen zwei Menschen, die über Zeit und Raum besteht. Gute Bindungen sind für uns ermutigend und ermöglichen dennoch Individualität. Vielleicht kennst du aus früheren Beziehungen noch dieses Gefühl der inneren Verbundenheit. Eine verlässliche Bindung bietet ein starkes Vertrauen ins Leben und die eigenen Möglichkeiten:

- Sehnst du dich nach regelmäßiger Zuwendung und Nähe?
- Möchtest du eine verlässliche Bindung zu einer anderen Person eingehen?
- Bist du bereit, Verantwortung für dich und für das Gelingen einer Partnerschaft zu tragen?
- Du glaubst daran, dass eine Beziehung dir emotionale Stärke geben kann?
- Fühlst du dich in der Nähe von anderen Menschen wohl und entspannt?

Falls du beim Beantworten der Fragen dachtest: Ja, genau diese Sehnsucht nach Bindung kenne ich, dann formuliere es so klar in deinem Profil. Denn dieser Wunsch nach »emotionaler Nahrung« ist deutlich und für die meisten Menschen gut nachvollziehbar. Das Bedürfnis nach Bindung ist eine der häufigsten Motivationen, einen Partner kennenzulernen. Durch deine Art der Darstellung auf der Plattform kannst du deutlich machen, dass du für »Abenteuer« nicht zur Verfügung stehst, und dich vor unerwünschten Kontaktangeboten schützen.

Geborgenheit und Sicherheit

Mit dem Begriff »Geborgenheit« assoziieren wir Gefühle, Erfahrungen, Momente und Erinnerungen an emotionale Wärme, Schutz und damit verbundene Sicherheit. Kinder fühlen sich geborgen in den Armen ihrer Eltern, Erwachsene in denen ihres Partners oder eines lieben Freundes. Manchmal kann auch ein Hund oder ein anderes Tier einem Menschen das Gefühl von uneingeschränkter Zuneigung und Sicherheit vermitteln. Alles ist genau richtig, wie es ist. Bedenke jedoch, dass ein neuer Partner dir nicht die fehlende Geborgenheit und Sicherheit aus deiner Kindheit geben kann. Heute bist du für dich verantwortlich. Ein neuer Partner möchte ein gleichwertiger Erwachsener sein und nicht die Rolle eines Elternteils übernehmen. Diese Verantwortung will und kann kaum ein Partner tragen.

Für viele ist das Gefühl der Geborgenheit verbunden mit ihrem Zuhause, mit einem bestimmten Geruch dort, mit den

Menschen in ihrem Umfeld samt ihrem Dialekt und ihren Eigenheiten, mit der Gemeinde, den vertrauten Ritualen und vielem mehr. Nimm diesen Aspekt ernst, und überlege vor der Anmeldung auf der Plattform, ob du einen geringen oder weiten Suchradius bestimmst und ob du überhaupt für einen neuen Partner deine bisherige äußere Sicherheit aufgeben würdest. Formuliere deine diesbezüglichen Gedanken und Wünsche, und such deinen Online-Anbieter danach aus. Mittlerweile gibt es spezielle Plattformen, die dir ausschließlich Partnervorschläge aus deiner Nähe zukommen lassen.

- Ist Geborgenheit für dich das Gefühl, wenn du dich zu Hause sicher fühlst?
- Sind durch Scheidung, Trennung oder Tod des Partners dein Vertrauen ins Leben und dein Sicherheitsgefühl beeinträchtigt oder erschüttert?
- Ist dein Gefühl der Geborgenheit verletzt worden?
- Spürst du die Sehnsucht nach Geborgenheit und Sicherheit aus Sicht eines Erwachsenen?

Wenn du diese Sehnsucht nach einem vertrauten Partner empfindest, nutze die Dating-Plattform, um dich umzuschauen, und achte darauf, dir deiner Bedürfnisse bewusst zu sein und sie ernst zu nehmen. Schau genau hin, wen du wirklich kennenlernen möchtest und mit wem du auch diese Gefühle der Geborgenheit eventuell wachsen lassen kannst. Geborgenheit ist ein tiefes Gefühl und kann nur langsam durch Vertrauen und Verlässlichkeit in dir entstehen.

Sicher geht es dir nicht um einen Flirt, sondern eher um eine verlässliche Beziehung. Dies kannst du genau formulieren.

Nähe und Berührung

Der Wunsch nach Berührung und liebevoller Nähe ist ein grundlegendes Bedürfnis, und in jedem Alter sind Umarmungen, Küsse, Streicheln oder körperliche Nähe eine wichtige Botschaft an den Körper. Berührungen haben eine große Auswirkung auf unsere körperliche und gefühlsmäßige Gesundheit, dies gilt für Erwachsene genau wie für Kinder. Dabei ist das Bedürfnis nach Nähe und Distanz bei jedem Menschen unterschiedlich, und sowohl das eine als auch das andere ist wichtig für unser Wohlbefinden. Es gibt Phasen, in denen man ein wenig Abstand braucht und für sich sein möchte, sowie solche, in denen man sich die körperliche Nähe eines anderen Menschen wünscht und diese genießt. In einer glücklichen Paarbeziehung stimmen diese Bedürfnisse meistens überein, und der eine achtet jederzeit die Grenzen des anderen. Die liebevollen Berührungen hier sind im besten Fall getragen von gegenseitiger Wertschätzung, Verbundenheit und Feinfühligkeit; niemals würden sie gegen den Willen des anderen durchgesetzt werden. Bei Erwachsenen können körperliche Zärtlichkeiten schließlich zum gemeinsamen Sex führen, der innigsten körperlichen Vereinigung zweier Menschen. Aber auch der Wunsch nach Berührungen ganz ohne sexuelle Handlungen ist legitim; hier gibt es kein Richtig oder Falsch. Vielleicht sind sie genau das, was du möchtest, und du brauchst dich dafür nicht zu schämen oder zu rechtfertigen. Finde heraus, was gut für dich ist.

- Hast du einen starken Wunsch nach Berührungen, Streicheln und Körperlichkeit?
- Fehlen dir Trost, Umarmungen und dergleichen?
- Können Berührungen deinen beruflichen Stress reduzieren?
- Geben sie dir das Gefühl, geliebt zu werden?
- Vermitteln dir Berührungen Zärtlichkeit und Nähe?

Vielleicht wünschst du dir viel mehr und regelmäßige zärtliche Berührungen von einem dir lieben Menschen und möchtest diese auch erwidern dürfen. Formuliere das so auf der Dating-Plattform.

Sex

Möglicherweise wünschst du dir einen Partner, weil du Sehnsucht nach Sexualität mit einem dir vertrauten Menschen hast. Sexualität ist dann soziale Interaktion mit dem Gefühl von Zuneigung, Zärtlichkeit und im besten Fall Liebe. Für manche Suchenden ist es nur die Befriedigung ihrer sexuellen Bedürfnisse. Wenn dieses Anliegen für dich im Mittelpunkt steht, gehe offen damit um und suche die für dich angemessene Plattform. Du spielst sonst mit den Gefühlen von Menschen, die sich einen verlässlichen Partner wünschen und schon durch frühere

Beziehungserfahrungen verunsichert sind. Nutze nicht die emotionale Sehnsucht anderer für deine Bedürfnisse aus. Unsere Sexualität ist geprägt von der Sozialisierung, von Vorerfahrungen mit anderen Partnern, von persönlichen Werten, von unserem Hormonstatus und unserer sexuellen Orientierung. Es gibt auch hier kein Richtig oder Falsch, solange wir die körperlichen und emotionalen Grenzen und das Nein unseres Gegenübers wahren.

- Was wünschst du dir bezüglich Sexualität?
- An welche Vorerfahrungen erinnerst du dich?
- Welche persönlichen Wertvorstellungen hast du?
- Wie wichtig ist für dich Sex?
- Was ist für dich Sexualität, wozu bist du bereit, und wo sind deine emotionalen und körperlichen Grenzen?

Viele Partnersuchende wünschen sich eine Liebesbeziehung mit Sexualität, andere vor allem eine Befriedigung ihrer sexuellen Wünsche. Den Online-Anbieter solltest du entsprechend diesen Bedürfnissen wählen. Bei den meisten Dating-Plattformen wird außerdem erfragt, ob Sex unwichtig, wichtig oder extrem wichtig für den Suchenden ist. Sei bei dieser Angabe ehrlich, um einen passenden Partner mit ähnlichen Bedürfnissen kennenzulernen.

Verantwortung teilen

Für manche Suchenden steht im Vordergrund, dass ihr Partner sie in der Kindererziehung, beim Hausbau, in finanzieller Art oder in anderen Lebensbereichen tatkräftig unterstützt. Willst du die Verantwortung für bestimmte Bereiche deines Lebens mit einem Partner teilen, weil du das Gefühl hast, sie nicht mehr allein tragen zu können? Diese Motivation ist meist zum Scheitern verurteilt. Stelle dazu folgende Überlegungen an:

- Willst du die Verantwortung teilen?
- Weißt du, dass niemand dir die volle Verantwortung abnehmen oder diese tragen kann?
- Welche Art von Hilfe brauchst du?
- Was versprichst du dir in dieser Hinsicht von einer neuen Beziehung?

Auch wenn ein Partner in dein Leben tritt, übernimmst du trotzdem weiterhin die Verantwortung für dich, deine Kinder und dein Leben. Bestenfalls findest du einen Partner als Unterstützer, denn manche Sorgen und Themen lassen sich einfach leichter zu zweit tragen.

Ich sollte das unwahrscheinliche Glück haben, eine zauberhafte Frau kennenzulernen, meine Traumfrau, von der ich zu Beginn der Suche allerdings noch nicht wusste, dass es sie gibt. So sollte der Suchalgorithmus eines Rechenprogramms zwei unbekannte Menschen einander vorstellen, die vorher nicht ahnen konnten, wie viel sie füreinander empfinden würden.

Natürlich hängt solch eine erfolgreiche Liebesgeschichte, die im Internet beginnt, wie »im richtigen Leben« ein bisschen vom Glück ab. Aber deine eigene Einstellung kann viel zum Erfolg beitragen. Neben innerer Klarheit sind bereits erlebte positive Bindungs- und Beziehungserfahrungen bei der gelungenen Partnersuche sehr nützlich, weil du dich dann sicherer fühlst. Wenn deine Erfahrungen mit anderen Menschen und besonders mit Partnern nicht so gut waren und du den Menschen eher misstraust, kannst du das durch einige Reflexionen und Übungen auszugleichen versuchen.

Einige Strategien und Tipps für die nahe Zukunft

- Schau in den Spiegel, und sag Ja zu dir selbst. Akzeptiere dich mit deinen Stärken und Schwächen. Nur wenn du selbst dich magst und dich wertschätzt, wird es auch dein Gegenüber tun.
- Wenn dir das Vertrauen in andere Menschen Schwierigkeiten bereitet, suche dir Vorbilder bei Kollegen, im Freundeskreis oder bei Menschen, die dem Leben mit Vertrauen begegnen.
- Begib dich unter Leute, führe kurze Gespräche, und versuche, anderen mit einem Lächeln zu begegnen. Nimm dabei

eine Beobachterposition ein, und sieh dir an, welche Einstellungen Personen haben, ohne alles in negativer Weise auf dich persönlich zu beziehen. Wenn du erkennst, dass andere dir grundsätzlich nicht übelwollen, erlebst du Momente, die dir Sicherheit vermitteln und dir dein Vertrauen zurückgeben. Du wirst wahrscheinlich überrascht sein, dass dein Vertrauen in dein Gegenüber etwas Gutes bewirkt und dich dabei noch stärkt.

- Übe Smalltalk an der Supermarktkasse, an der Tankstelle oder beim Spaziergang. Leichtigkeit und Humor öffnen dabei dein Herz, und du gewinnst zunehmend an Selbstvertrauen, wenn du mit »wildfremden Menschen« ein nettes Gespräch führst.
- Ein Blickkontakt oder ein Lächeln sagt manchmal mehr als tausend Worte und macht dich emotional stärker. Probiere es doch einmal aus!

Mein Rechner ist inzwischen betriebsbereit. Heute ist mein persönlicher »D-Day«, mein »Decision Day«, der Tag der Entscheidung. Obwohl ich mich darauf vorbereitet habe, bin ich mir nicht sicher, ob ich die richtige Entscheidung treffe. Ich sage mir, dass ich keine Angst vor dem Online-Dating haben muss. Schließlich kann ich nichts verlieren, sondern ich lerne wahrscheinlich nette Menschen kennen und kann im besten Fall meinen Wunsch nach einer neuen Partnerschaft erfüllen. Ich muss mich zwar auf ein mir bisher unbekanntes Kommunikationsmittel einlassen und von Zeit zu Zeit überprüfen, ob die digitale Partnersuche erfolgversprechend erscheint. Falls nicht, kann ich die Mitgliedschaft aber immer noch beenden.

In diesen Minuten vor der Anmeldung bewegen mich jedoch plötzlich einige abstruse andere Gedanken, auf die ich zuvor nicht gekommen war. Wir kennen es vom Internethandel: Heute bestellen wir, morgen kommt die Ware, und bei Nichtgefallen klebt man den Retourenaufkleber auf das Paket und schickt es zurück an den Absender. »Funktioniert Online-Dating nach dem gleichen Prinzip?«, überlege ich. Ich hoffe nicht, denn Zuneigung füreinander ist ja keine Ware ... Und wie soll ich mich verhalten, wenn ich plötzlich eine Frau aus meinem Bekannten- oder Freundeskreis im Internet treffe und diese Frau umgekehrt mich sieht? Ist das eine peinliche Begegnung in der doch so anonymen Welt der Internet-Partnersuchenden? Kann ich eine derartige Situation mit Humor entspannen? Wird meine Partnersuche in meinem Bekannten- und Freundeskreis belächelt werden? Ich schiebe diese Gedanken beiseite und widme mich meinem PC.

Bist du bei dem Gedanken an das Online-Dating ebenfalls etwas ängstlich, dann befindest du dich in guter Gesellschaft. Da es noch eine relativ neue Technik ist, einen Partner online kennenzulernen, löst sie bei vielen Suchenden Verunsicherung aus. Aber sie bietet dir auch viel Freiraum und vielfältigere Möglichkeiten. Insofern sollten Gedanken daran, »was die anderen sagen könnten«, dich nicht davon abschrecken, wenn du die Vorteile für dich erkennen kannst.

Die Wahl des Anbieters habe ich mir sorgfältig überlegt. Partnersuchende können heute aus einem Angebot unterschiedlicher Dating-Plattformen wählen. Für meine Suche habe ich mich für einen Anbieter entschieden, der durch seine große Mitgliederzahl einen repräsentativen Querschnitt der Bevölkerung vermitteln kann. Meine Überlegung basiert auf der Annahme, dass mit zunehmender Zahl der partnersuchenden Frauen die Erfolgswahrscheinlichkeit steigt. Andere entscheiden sich hingegen für eine spezialisierte Dating-Plattform, in der die Mitglieder wesentlich mehr gemeinsame Merkmale aufweisen als die Anbieter mit einem breit gestreuten Mitgliederbestand. Welcher Anbieter der richtige ist, muss jeder Partnersuchende eigenständig entscheiden. Ein Patentrezept gibt es nicht. Deshalb ist es wichtig, sich über die unterschiedlichen Angebote ausreichend zu informieren.

Online-Dating ist ein Geschäftsmodell, und die Anbieter müssen damit ihre nicht unerheblichen Betriebskosten amortisieren, ihre Werbung finanzieren und Gewinne für ihre Kapitalgeber erzielen. Wirtschaftliche Erfordernisse können aber verbraucherunfreundliches Verhalten nicht entschuldigen, wie zum Beispiel trickreiches Verstecken der Kündigungsbedingungen mit dem Zweck, den Mitgliedern die fristgerechte Beendigung der Mitgliedschaft zu erschweren, um dadurch ein weiteres Beitragsjahr abrechnen zu können. Beitragsfreie Plattformen erscheinen mir dagegen oft nicht seriös zu sein oder sind auf junge Erwachsene als Zielgruppe ausgerichtet, die zwanglose Bekanntschaften, aber nicht unbedingt einen Lebenspartner suchen. Eine gute Übersicht der wesentlichen Plattformen findet man unter www.datingtestsieger.de.

Meine Entscheidung steht. Ich gebe die Internetadresse des Anbieters ein und blicke auf seine Homepage.

Nun stehst du vor der Wahl, für welchen Online-Anbieter du dich entscheiden sollst. Es gibt unglaublich viele Portale. Im Internet findest du Auflistungen und Bewertungen der unterschiedlichen Partnerportale und Singlebörsen. Es ist nicht ganz einfach, die richtige Entscheidung zu treffen. Handle nicht übereilt, sondern informiere dich ausführlich über die Vertrags- und sonstigen Bedingungen, bevor du dich entscheidest.

Tipps als Entscheidungshilfe für den richtigen Anbieter

- Kennst du Personen, die von guten Erfahrungen mit einem Anbieter erzählt haben?
- Mit welchem Ziel, mit welchen Bedürfnissen waren sie dort angemeldet?
- Welches Ziel strebst du an? Wünschst du dir einen Partner fürs Leben, Sexualpartner, Partner für spezielle Unternehmungen?

- Suchst du einen bestimmten Anbieter? Es gibt alters-, entfernungs-, berufs- oder auf die sexuelle Ausrichtung bezogene, aber auch auf Menschen mit Handicap oder Übergröße spezialisierte Portale.
- Schau im Internet nach Plattformen für bestimmte Zielgruppen, dort findest du eine große Auswahl.
- Wie ist die Altersstruktur bei dem jeweiligen Anbieter?
- Wie wirkt der Anbieter auf dich: seriös, offen?
- Wie ist die Übersichtlichkeit auf der Plattform: Ist alles leicht zu verstehen und zu bedienen?
- Welche Kosten kommen auf dich zu? Gibt es zusätzliche oder versteckte Ausgaben?
- Wie sind die Kündigungsfristen?
- Wie ist der Datenschutz geregelt, beziehungsweise ist dieser gewährleistet?
- Wie und mit welchen Versprechen wird geworben? Was steht in den Bewertungen? Wie lauten deine Kriterien?
- Nutze hier auch die Erkenntnisse, die du aus der Beantwortung der Fragen zu deiner Motivation gewonnen hast, als Entscheidungshilfe, um die entsprechende Online-Plattform zu wählen.

Meine Registrierung ist einfach und in einigen Minuten erledigt. Ich entscheide mich für das Passwort »Traumfrau 2017!«. Es soll mein Motto sein und mich in den vor mir liegenden Wochen und Monaten auf meiner Partnersuche im Internet begleiten.

Deine Worte prägen und beeinflussen dein Handeln. Ist ein gewählter Begriff wie hier positiv, verankert sich die Botschaft stärkend im Gehirn. »Traumfrau 2017!« vermittelt Zuversicht, Vertrauen und ein Ziel. Die Wahl unserer Worte beeinflusst unser Denken und Handeln auch auf der Internet-Plattform. Welches könnte zum Beispiel dein Passwort sein, das auch dir immer wieder neuen Mut und Optimismus gibt?

Persönliche Angaben

Als Nächstes wird meine Aufmerksamkeit von einer Fülle von Fragen in Anspruch genommen. Um die zu mir passenden Kontaktpartner ermitteln zu können, unter denen sich hoffentlich meine Traumfrau befindet, benötigt der Anbieter jede Menge Informationen über mich und über meine Vorstellungen vom Leben und von meiner Zukunft mit einer Partnerin an meiner Seite. Diese Aufgabe trifft mich nicht ganz unvorbereitet, denn ich wusste bereits von meinen Bekannten, dass ich dazu einiges von mir preisgeben muss. Die einzelnen Fragen und Aufgaben, die jedes neue Mitglied beantworten und lösen muss, kenne ich natürlich nicht, aber ich habe mir allgemein zu vielen Lebensfragen eine Meinung gebildet, die ich jetzt abrufen kann. Womit ich nicht gerechnet habe, ist der Zeitaufwand zur Beantwortung der Fragen. Glücklicherweise habe ich mir einen ganzen Nachmittag am Wochenende dafür freigehalten.

Auch du kannst dir schon im Vorfeld die wichtigsten Fragen beantworten oder dir über bestimmte Dinge Gedanken machen. Das erspart dir nicht nur Zeit bei der Anmeldung, sondern auch viel Herzschmerz. Nimm dir eine Auszeit, fahr ans Meer oder in die Berge, geh in die Natur, oder mach es dir für einen Abend auf der Couch gemütlich und widme dich dir selbst und den folgenden Fragen. Notiere deine Antworten, das hilft dir beim Überlegen und dient später als Gedächtnisstütze.

Tipps für Fragen

- Was schätzt du an dir?
- Was macht dich glücklich und zufrieden?
- Welche Hobbys und Interessen hast du?
- Wie wichtig sind dir Kinder/dein Kinderwunsch?
- Wie ist deine Einstellung zu Kindern?
- Bist du überzeugt, dass die Schuld am Scheitern früherer Beziehungen immer beim jeweiligen Partner lag?
- Fühlst du dich allein für alles verantwortlich?
- Glaubst du an dich und deine Fähigkeiten?
- Was sind deine Besonderheiten?
- Kannst du gut zuhören, oder bist du eher der Erzähler?
- Hast du Humor – wie oft lachst du am Tag?
- Kannst du gut für dich sorgen und deine Wünsche formulieren?
- Welcher positive Satz oder Gedanke über dich wird deine Partnersuche begleiten?

All deine Antworten erzählen dir etwas über dich. Deine Gefühle und emotionalen Verletzungen, deine Reaktion auf frühere Beziehungen oder deine stärkenden Erfahrungen spiegeln deine Bedürfnisse und Stärken wider.

Diese Selbstreflexion lohnt sich nicht nur für die Anmeldung bei einer Dating-Plattform, sondern auch, um gegebenenfalls eine Veränderung bei dir selbst vorzunehmen. Du kannst bei Bedarf jederzeit etwas ändern; es ist immer möglich, wenn du es willst. Du hast es in der Hand. Sei bei alledem jedoch achtsam und wertschätzend mit dir.

Vorüberlegung zu Eigenschaften des Wunschpartners

Nun, nach deiner Selbstreflexion, kannst du dir überlegen, wie dein neuer Partner beziehungsweise deine neue Partnerin sein soll. Wen suchst du? Welche Eigenschaften und Einstellungen sollte oder muss er oder sie haben? Erstelle dir auf einem Blatt Papier oder in einem Computerdokument eine Liste über »No-go-Bereiche« (alles, was nicht sein darf), »Must-have-Eigenschaften« (was auf jeden Fall sein muss) und »Nice-to-have-Wünsche« (was schön wäre, aber keine Bedingung ist). Danach hast du eine für dich aussagekräftige Auflistung, was du dir von deinem Partner oder deiner Partnerin wünschst.

Du kannst dich dabei an folgenden Kategorien orientieren (wobei wir mit der Liste keinen Anspruch auf Vollständigkeit erheben):

- Altersspanne
- Hobbys: Theater, Musik, Sport, Reisen
- Aussehen: Haarfarbe, Körperstatur/Körpergröße, Erscheinungsbild, Augenfarbe
- Charakter: Persönlichkeit, Lebensführung, Temperament.
- Bildung: geistig, kulturell, lebenspraktisch und emotional.
- Sexualität: Ausrichtung, Orientierung
- Werte: Ehrlichkeit, Treue, Verlässlichkeit, Pünktlichkeit und so weiter
- Dein Rollenverständnis: Was möchtest du in diesem Zusammenhang gar nicht?
- Was wünschst du dir?
- Eigenschaften: lässig, taktvoll, feinfühlig, lebensfroh, abgeklärt, achtsam, zielorientiert, tolerant, liebevoll, machtbesessen, unaufrichtig, gewalttätig, unfreundlich, neidisch, unkompliziert, höflich, humorvoll, zärtlich, einfühlsam, ehrgeizig, eifersüchtig und so weiter
- Kinder: eigener Kinderwunsch, keine Kinder, offen für Kinder des Partners
- Raucher oder Nichtraucher
- Haustiere

Jeder Mensch, der eine neue Beziehung eingehen möchte, trägt ganz individuelle Beziehungserfahrungen in sich. Auch das ist bei der Reflexion über die eigenen Befindlichkeiten, die persönlichen Angaben und überhaupt für die Frage, ob man sich um eine neue Partnerschaft bemüht, von wesentlicher Bedeutung. Ich verlor meine Frau nach 37 Jahren gemeinsamen Lebens durch eine schwere Erkrankung, und es dauerte eine ganze Weile, bis ich diesen Verlust verarbeitet hatte. Mit der Zeit nahm die Trauer ab, und der Wille nach einem erfüllten Leben mit einer Partnerin an meiner Seite gewann wieder an Bedeutung. Ich kann mir heute gut vorstellen, dass die Trennung von einem Ehe- oder Lebenspartner nach Jahren der Gemeinsamkeit eine ähnlich radikale und traumatische Lebensveränderung bewirkt.

Sicherlich erlebt jeder Mensch eine solche Situation anders, wird von einem Trennungsereignis mehr oder weniger berührt und findet dementsprechend früher oder später wieder zu einem »normalen« Leben zurück. Ein solcher ungeplanter Bruch in der eigenen Biografie erfordert ein Umdenken und damit einhergehend eine Neuausrichtung in der persönlichen Lebensführung. Angesichts hoher Trennungs- und Scheidungsraten in unserer Gesellschaft leben zahlreiche beziehungstraumatisierte Menschen mit ihrer ganz persönlichen »Stunde null«, von der aus ein Leben neu strukturiert und aufgebaut werden muss. Da ist es nachvollziehbar, dass sich viele Betroffene nach einer Zeit der Traurigkeit, der Verarbeitung seelischer Verletzungen oder der Verdrängung des Trennungserlebnisses wieder dem Leben zuwenden und Freude und Erfüllung suchen. Offensichtlich sind wir genetisch darauf programmiert, auch mit Lebenskrisen fertigzuwerden, und irgendwann gewinnt die Zukunftsorientierung Oberhand über die Vergangenheitsbewältigung.

Frühere Partnerschaften

Um den Verlust, die Trennung oder die Scheidung verarbeiten zu können, brauchst du eine gute Portion Resilienz, also psychische Widerstandskraft. Diese innere Kraft verhilft dir zur Handlungsfähigkeit und lässt dich Krisen und schlimme Erlebnisse bewältigen. Nach der emotionalen Dunkelheit siehst du wieder Licht und spürst Neugierde auf das Leben und vielleicht auf eine neue Partnerschaft.

Jeder greift auf unterschiedliche persönliche Stärken zurück. Es kann der Kontakt zu Kollegen, Freunden, Familie, aber auch die Arbeit sein. Auch Hobbys, Kreativität, Abgrenzung oder kurzfristiger Rückzug, Selbstbewusstsein, Zeitstruktur, Vertrauen in die eigene Handlungsfähigkeit und in das Leben können sehr hilfreich sein. Um eine Krisensituation zu bestehen, ist es wichtig, sie als solche zu erkennen und zu akzeptieren sowie seine damit verbundenen Gefühle ausdrücken zu dürfen. Nur wenn wir uns selbst und anderen nichts vormachen, unsere Verletzungen nicht verleugnen oder überspielen, werden wir auch unsere positiven Kräfte wieder mobilisieren können. Durch die genannten Resilienzfaktoren oder andere Stärken schaffen wir es dann, das eigene seelische Gleichgewicht nach einer Weile wiederherzustellen. Dies ist die Voraussetzung für eine neue Partnerschaft. Du darfst und musst die Verantwortung für dein Leben wieder selbst in die Hand nehmen. Welches sind deine persönlichen Stärken beim Bewältigen von schwierigen oder belastenden Erlebnissen? Du kannst eine oder zwei deiner persönlichen Stärken, also Resilienzfaktoren, auf der Plattform benennen. Lust auf einen Neuanfang, der Glaube an eine gute gemeinsame Zukunft und die Hoffnung auf einen Glückstreffer sind in jedem Fall bessere Voraussetzungen für eine erfolgreiche Partnersuche als Resignation, Selbstmitleid oder Zukunftsangst.

Wir sind geprägt durch die Art und Weise, wie unsere letzte Beziehung zu Ende gegangen ist, etwa:

- Scheidung/Trennung mit Streit,
- Scheidung/Trennung versöhnlich,
- Suizid des Partners,
- Tod des Partners nach kurzer oder langer Krankheitszeit oder plötzlicher Tod.

Der Wunsch nach Zweisamkeit

Der tiefe Wunsch, sich nach dem Tod des Partners für einen neuen Lebensabschnitt zu öffnen, ist menschlich und völlig legitim. Jeder entscheidet selbst, ob er wieder mit einem anderen Menschen glücklich werden will. Wenn man sich neu für eine Beziehung öffnet, bedeutet das nicht, dass der verstorbene Partner vergessen wird.

Meist ist eine Trennung oder Scheidung ebenfalls schmerzlich, da der Traum von verlässlicher Ehe oder Familie geplatzt ist. Diese Erfahrung erschüttert das Selbstvertrauen. Häufig ist ein solcher Prozess auch mit finanzieller und/oder gefühlsmäßiger Verunsicherung verbunden. Wie du auf eine Trennung reagierst, hat mit deinen eigenen Erfahrungen als Kind zu tun. Manche Menschen fühlen sich in dieser Situation wie ein ungeliebtes Kind und beginnen aus Traurigkeit zu wüten. Wenn du deine(n) »Ex« oder deine Kinder bekämpfst, sagt das mehr über deine eigene innere Not und gegenwärtige Lage aus als über diejenigen, gegen die sich dein Zorn richtet. Aber das Schlimmste für dich ist, dass du dir selbst im Weg stehst und eine neue liebevolle Partnerschaft nur schwer aufbauen kannst, denn Wut und Aggressionen verhindern tiefe liebevolle und schöne Gefühle. Kümmere dich um deine inneren verletzten Gefühle; manchmal ist es gut, sich beratende oder therapeutische Unterstützung zu holen. Wenn wir in der Rolle des verletzten Kindes bleiben, können wir keinen liebevollen Partner kennenlernen. Nutze deine psychische Widerstandskraft, und bewältige deine Trennung deinem Alter entsprechend. Würdige die glücklichen Momente, erinnere dich an schöne Ereignisse, und lass sie auch nach der Trennung gelten. So kann das Kennenlernen eines neuen Partners gelingen.

So wie alles, was du im Zusammenleben mit anderen Menschen erlebt hast, prägen dich auch und vor allem deine Trennungserfahrungen. Deine Bereitschaft, eine erneute Bindung einzugehen, hängt wesentlich von der Art und Weise ab, wie deine früheren Beziehungen zu Ende gingen. Es ist ein Unterschied, ob du deinen Partner wegen eines tödlichen Unfalls oder wegen einer anderen Frau beziehungsweise eines anderen Mannes verloren hast, ob du völlig unvorbereitet verlassen wurdest oder ihr euch schon auseinandergelebt hattet. Weil die Umstände deiner vergangenen Trennungen Einfluss auf deine zukünftige Bindungsbereitschaft haben, ist es so wichtig, auf deine innere Stimme zu hören. Nimm dir daher die Zeit, deine Selbstdarstellung noch einmal kritisch zu lesen. In ihr spiegelt sich deine aktuelle Verfassung und gibt dir Hinweise darauf, ob du dich überhaupt auf dem Dating-Portal anmelden solltest beziehungsweise ob dies der richtige Zeitpunkt für dich ist.

- Wenn du dich unsicher fühlst und zweifelst, ob die Anmeldung auf einer Online-Plattform der richtige Weg für dich ist, eine neue Partnerschaft einzugehen, wende dich noch einmal dem Abschied oder Ende deiner vorherigen Beziehung zu.
- Partner trennen sich, und zurück bleiben dennoch meist auch Erinnerungen an gemeinsame schöne und wertvolle Zeiten, wenn du es zulässt.
- Erlaube dir diesen Rückblick, auch wenn er Traurigkeit hervorruft. Gefühle gehören dazu, und in einem Prozess des Trauerns können Wunden geheilt werden. Wut und Aggressionen dagegen machen krank und verhindern neues Glück, wenn man zu lange an ihnen festhält.
- Führe ein Tagebuch, oder mach dir Notizen, um deine Gefühle zu sortieren.
- Schreibe einen Brief zum Abschied mit dem gedachten oder gesprochenen Satz: »Ich darf mich frei entscheiden, ich bin erwachsen und darf wieder glücklich werden.« Dann vernichte den Brief.

- Gönne dir schöne Momente, einen stärkenden Urlaub, ein entspanntes Wochenende.
- Erinnere dich an schöne, wertvolle Zeiten, Erlebnisse und Sätze aus deinem Leben. Auf den ersten Blick wirken diese oft unbedeutend, aber sie können dir helfen und Mut geben für dein Vorhaben, einen neuen Partner kennenzulernen.
- Wenn du in deiner gegenwärtigen Beziehung nicht glücklich bist und insgeheim einen neuen Partner oder eine neue Partnerin suchst, beende zuerst deine Beziehung, bevor du mit der Suche auf der Plattform beginnst.

Ich widme mich also weiter den persönlichen Angaben. Ich werde von der Anmeldemaske aufgefordert, meine vermittlungsrelevanten Daten einzugeben: Alter, Größe, Gewicht, Familienstand, höchster Bildungsabschluss, Kinder im eigenen Haushalt.

Ich habe einen siebzehnjährigen Sohn, der sich gerade auf sein Abitur vorbereitet und daher meine Zuwendung und Unterstützung braucht. Haustiere möchte ich eigentlich nicht um mich haben, und in einer neuen Beziehung besteht (altersbedingt) für mich kein Kinderwunsch mehr. Ich bin Nichtraucher und muss zugeben, dass es für mich ein echtes Problem wäre, wenn meine neue Partnerin rauchte. Vielleicht schränken diese Ausschlusskriterien meine Auswahloptionen ein, aber was würde es helfen, wenn ein Beziehungsaufbau von Beginn an von Problemen begleitet wäre?

Angaben zum »Wunschpartner«

Während ich mir meine Antworten gut überlege, spüre ich, dass ich gelassener werde. Die kribbelnde Anspannung lässt spürbar nach, und mit einem schelmischen Grinsen wende ich mich den vor mir liegenden Aufgaben der Registrierung zu. In welchem Radius ich meine Partnerin suchen möchte, werde ich gefragt. Der Anbieter hat dazu gleich einen guten Rat für mich: Den Suchradius sollte man nicht zu groß anlegen, sonst winken lange Anfahrten zu den Treffen. Und falls sich aus diesen Kontakten eine ernsthafte Begegnung ergäbe, drohten lange Fahrtwege zu jedem Treffen. Ich habe die Botschaft verstanden und suche daher im engsten Radius rund um meinen Wohnort. Das dürfte eigentlich kein Problem sein, weil ich im Großraum Hamburg wohne und damit recht viele Frauen in meinem Suchgebiet leben. Würde ich in einer dünn besiedelten Gegend wohnen, sähe das vermutlich anders aus.

Als viel herausfordernder empfinde ich die Frage, in welchen Körpergrößen und welcher Altersspanne die Suchmaschine nach meiner zukünftigen Partnerin Ausschau halten möge. Ich bin hin- und hergerissen. Reifer Mann und jüngere Frau? Reifer Mann und noch reifere Frau? Welche Klischees finde ich zu diesen Fragen in meinem Kopf? Noch beunruhigender wirkt auf mich die Vorstellung, dass ich mir mit dieser Registrierung eine Wunschpartnerin »katalogmäßig« zusammenstellen kann.

Also denke ich strategisch und versuche, die Auswahl an potenziellen Partnerinnen möglichst weit zu spannen. Wenn ich bei meiner Körpergröße von 1,70 Meter die Auswahl der infragekommenden Partnerin auf ebenfalls 1,70 Meter begrenze, verringere ich meine Optionen gegenüber einem Mann von 1,85 Meter Körpergröße bereits deutlich, da ein signifikanter Anteil an Frauen eben größer als 1,70 Meter ist. Ich entscheide mich für 1,73 Meter als maximale Körpergröße und stelle mir 1,55 Meter als Untergrenze vor. Ich habe kein Problem damit, wenn eine Frau mich überragt – körperlich wie intellektuell. Entscheidender ist für mich die Eingrenzung, in welcher Altersspanne sich eine Partnerin befinden sollte, damit wir ähnliche Vorstellungen von unserem zukünftigen Leben haben. Ich muss nicht lange darüber nachdenken und entscheide mich für eine Alterspanne 59 plus/minus vier Jahre. Kaum habe ich die Daten eingegeben, schaut mein Sohn über meine Schulter und protestiert heftig gegen die obere Altersgrenze von 63.

»Du suchst doch keine Oma!«, lautet seine lapidare Feststellung dazu.

»Ich bin ja bald in der gleichen Kategorie, und übrigens ist das mein Leben und damit meine Entscheidung«, lautet meine Replik.

Immerhin scheint er das zu akzeptieren. Ich bestehe also auf der oberen Grenze, gebe aber seinem Wunsch nach einer Öffnung der Untergrenze nach und setze diese auf 52 Jahre.

Zufrieden mit seiner Intervention, widmet sich mein Sohn wieder seinem Freitagnachmittag. Was er nicht bedacht hat: Damit ein Kontaktvorschlag zustande kommt, muss auch die partnersuchende Dame ihre Altersgrenze auf mindestens 59 Jahre gesetzt haben, sonst gelange ich nicht in ihre Auswahl. Als neues Mitglied einer Dating-Plattform ist man daher gut beraten, jede Frage auch aus der Perspektive des Partners zu betrachten. Für mich wäre eine Beziehung mit einer etwas älteren Frau jedenfalls kein Problem: »Lieber eine lebensfrohe Sechzigerin als eine frustrierte 55-Jährige« – wenn ich meine Einstellung zum Alter mal etwas »hemdsärmelig« ausdrücken darf.

Innerlich schmunzele ich über diese Episode, die mir gezeigt hat, dass mein Sohn doch regen Anteil an meiner Partnersuche nimmt und es ihm ganz offensichtlich nicht gleichgültig ist, ob ich eine neue Beziehung anstrebe und wen ich mir dazu »aussuche«.

Gerade nach Trennungen, wenn beide Elternteile zur Verfügung stehen, kann ein neuer Partner bei Kindern oder Jugendlichen ambivalente Gefühle hervorrufen. Ihr häufiger Wunsch, dass ihre Eltern wieder zusammenkommen, platzt damit. Auch fühlen sich Kinder als Verräter, wenn sie eine gute Beziehung zum neuen Partner der Mutter oder zur neuen Partnerin des Vaters aufbauen. All das führt bei Kindern oder Jugendlichen häufig zu einer Vehemenz der Gefühle, die Erwachsene verunsichert.

Die Frage der Partnersuche ist aber immer die Entscheidung des Erwachsenen und nie die des Kindes oder Jugendlichen. Unsere Aufgabe als Erwachsene besteht in diesem Fall darin, unsere Kinder dabei zu begleiten, dass sie unsere Entscheidung akzeptieren oder zumindest tolerieren können. Je eindeutiger wir zu unserer Entscheidung stehen, desto besser können Kinder und Jugendliche das mittragen. Die Gefühle von Eifersucht (Zeit muss geteilt werden), Angst (nicht mehr geliebt zu werden), Wut und Traurigkeit der Kinder oder Jugendlichen sind sehr ernst zu nehmen und erfordern aufmerksame Beachtung. Denn Kinder jeden Alters haben das Recht, ernst genommen zu werden. Die Gefühle der Kinder solltest du also nicht bewerten; jedes Gefühl darf sein, braucht den Trost und die Begleitung des Erwachsenen.

Wie hier in dem autobiografischen Teil geschilderten Beispiel ist es hilfreich, die Kinder bei der Partnerwahl mit einzubeziehen, sich aber in seinen Entscheidungen auch klar zu positionieren. Auf diese Weise werden dem Kind oder Jugendlichen Sicherheit und Vertrauen vermittelt. Die geschilderte Situation kann man auch so interpretieren: »Ich habe Sehnsucht danach, eine neue Frau zu lieben, und kümmere mich als Erwachsener um meine Bedürfnisse. Du bist mir als mein Sohn wichtig, und auch das, was du sagst, ist mir wichtig. Es wird für dich keine neue Mutter geben, aber mein Bedürfnis ist es, eine liebevolle Frau kennenzulernen.«

Mein »Steckbrief«

Nachdem alle formellen Kontaktinformationen und Suchangaben hinterlegt sind, widme ich mich den Fragen nach den gewünschten Charaktereigenschaften des Partners, wodurch ich natürlich auch hier meine eigene Persönlichkeit definiere. Der Anbieter stellt dazu eine Auswahlliste an Wesenszügen vor, in der ich diejenigen anklicken soll, die mir persönlich wichtig sind. Für welche Eigenschaften soll ich mich entscheiden? Wie unterscheidet sich »natürlich« von »lebensfroh«? Und vor allen Dingen: Wie »konfiguriere« ich gerade mit dieser Auswahl meine Wunschpartnerin? Bei der Eingabe kreisen meine Gedanken wieder um die Stunde null. Ich vermute, dass gerade ältere Mitglieder in der Gemeinschaft der Partnersuchenden beziehungs- und eheerfahren sind und diese Beziehungen ein unschönes Ende genommen haben. Die Gruppe der Partnersuchenden ab vierzig wird meiner Einschätzung nach mindestens ein Beziehungsende erlebt und hoffentlich verarbeitet haben. So gesehen bilden wir eine Schicksalsgemeinschaft, eine Gruppe der »verletzten Seelen«, die ihre Vergangenheit hinter sich lassen und einen Neuanfang wagen möchte.

Ein weiterer Gedanke kommt mir bei der Bearbeitung der Persönlichkeitsfragen: Wer schon eine ansehnliche Lebenszeit hinter sich hat, ist auf seinen eigenen Lebensstil festgelegt. Partnerschaft heißt für mich allerdings, kompromissbereit zu sein. Wo aber liegt die Grenze zwischen der Suche nach guten Kompromissen im Zusammenleben und der Negierung des eigenen Lebensstils, dessen Kern ich für eine Partnerin nicht aufgeben will? Jeder von uns hat seine »Macken«, Angewohnheiten und Vorlieben, Neigungen und Abneigungen. Wird es gelingen, zwei ganz unterschiedliche Lebensbahnen so harmonisch zu verbinden, dass daraus für beide Partner ein beziehungswertes Zusammenleben entsteht?

Sorgfältig bearbeite ich die Persönlichkeitsfragen und gebe mir alle Mühe, alles authentisch zu beantworten, um das Bild von mir nicht zu verfälschen. Auch das ist Teil meiner Strategie: Nur wenn ich von der ersten Sekunde an alle Fragen aufrichtig beantworte und mich nicht verstelle, habe ich die Chance, eine Partnerin zu finden, die zu meinem Profil passt. Der Gedanke liegt nahe, die eine oder andere Antwort etwas wohlgefälliger zu formulieren, um damit vielleicht auch etwas attraktiver zu erscheinen. Schnell wird mir aber bewusst, dass die Suchmaschine dann Partnervorschläge für eine andere, aber nicht für meine Persönlichkeit sucht. Damit ist ein späteres Scheitern der Partnersuche bereits vorgezeichnet. Das will ich natürlich nicht. Umgekehrt kann ich nicht beurteilen, ob die Angaben in den Kontaktvorschlägen tatsächlich das Empfinden und Meinungsbild meines Gegenübers spiegeln oder ob zwecks besserer Wahrnehmung Angaben geschönt wurden. Der Suchmaschinenalgorithmus übermittelt nur bei einem Mindestmaß an Übereinstimmung wechselseitig Kontaktvorschläge. Wenn allerdings beide Partner ihre Persönlichkeitsangaben manipuliert haben, bringt die Maschine zwei Partnersuchende miteinander in Kontakt, die sehr wahrscheinlich nicht zusammenpassen, weil zwei Persönlichkeitsprofile aufeinander, die es in der Wirklichkeit nicht gibt.

Selbstverständlich können auch zwei gegensätzlich ausgerichtete Menschen füreinander Zuneigung empfinden und sich ineinander verlieben! Die Menschheit wäre längst ausgestorben, würden sich potenzielle Partner nur aufeinander einlassen, wenn sie in den wesentlichen Charakter- und Einstellungsfragen identische Sichtweisen hätten. Die digitale Anbahnung einer Beziehung gestaltet sich dennoch einfacher und führt eher zum Ziel, wenn die ermittelte Übereinstimmung auch real vorhanden ist. Deshalb schafft Aufrichtigkeit die besten Voraussetzungen für eine neue Beziehung.

Sind alle Fragen zum Wunschprofil des Partners wie auch zu eigenen Einstellungen und Vorlieben beantwortet, kann das eigene Profil – quasi der elektronische »Steckbrief« – erstellt werden. Dazu werde ich als Erstes aufgefordert, einige Bilder von mir hochzuladen und unter diesen Aufnahmen das Bild auszuwählen, das später mein Profil visuell untermalen soll. Weiterhin darf ich ein frei formuliertes, persönliches Statement hinterlegen, sozusagen die Werbebotschaft an alle weiblichen Kontaktpartner, mit der ich ihre Aufmerksamkeit auf mich lenken soll. Mein Anbieter offeriert mir darüber hinaus eine Auswahl an Fragen und Satzanfängen, aus denen ich mir diejenigen auswählen kann, mit deren Beantwortung ich indirekt etwas über mich und meine Einstellungen aussage. Die wahrscheinlich am häufigsten ausgewählte Profilfrage lautet: »Ein schöner Tag ist für mich, wenn …?« Und meine Antwort darauf kann ja im Kontext meiner Partnersuche nur lauten: »Wenn ich dich gefunden habe und wir beschließen, gemeinsam unsere Zukunft zu planen.«

Aus früheren Bewerbungssituationen kennst du sicherlich noch die Gedanken und Gefühle, wenn du für dich werben musstest. Du hast dich dem Arbeitgeber gegenüber positiv dargestellt, wenn du ihn von dir überzeugen wolltest. Hier galt die Strategie, dich von anderen potenziellen Mitbewerbern abzuheben und auf deine Besonderheiten und Stärken hinzuweisen. Ähnliches gilt auch für die Suche nach einem Partner in einem Club oder in einer Bar. Ziel ist es, gesehen und angesprochen zu werden oder andere von dir zu überzeugen. Deine Körperhaltung, deine Blicke, dein Ausdruck und deine Stimme sowie weitere Faktoren wie Kleidung, Schminke, Frisur, Wortwitz oder dein Tanzstil lassen andere auf dich aufmerksam werden.

Ähnlich ist es beim Online-Dating, nur dass du hier durch deine Eigendarstellung, deinen Text und deine Fotos andere auf dich aufmerksam machst. Das Ziel deiner Eigenwerbung ist es, einen liebevollen Partner kennenzulernen. Beim Online-Dating wirst du deine Vorzüge je nach Anbieter mit deinen Fotos und/oder mit einem zu dir passenden Text sowie natürlich mit all deinen Aussagen und Informationen hervorheben. Den ersten Eindruck hinterlässt du nicht beim persönlichen Treffen oder der Kontaktaufnahme auf der Plattform, sondern beim Blick auf dein Profil. Dies ist schon ein (virtuelles) Aufeinandertreffen mit einem potenziellen Partner.

Dein Eigenmarketing und deine Selbstdarstellung werden deinen Erfolg wesentlich beeinflussen. Vielleicht fällt es auch dir schwer, über dich zu schreiben und dich darzustellen; deshalb haben wir für dich Handlungsideen zusammengestellt.

Tipps zum Eigenmarketing

- Verstelle dich nicht, sondern zeige dich so, wie du bist, aber präsentiere vor allem deine Schokoladenseite.
- Die Partnersuche führt nur zum Erfolg, wenn du mit deinen Angaben ehrlich bist, zum Beispiel zu deinem Alter stehst, dein Gewicht auf dem Bild nicht verheimlichst, dich aber dennoch attraktiv zeigst. Dies ist durch Kleidung, Frisur oder Ausstrahlung, aber auch durch die Perspektive der Fotoaufnahme, den Hintergrund und die Lichtverhältnisse möglich.
- Schminke dich, wenn du das auch sonst immer machst; ansonsten zeig dich so, wie du bist.
- Wähle ein ansprechendes Foto: Welche Botschaft strahlt es aus?
- Verfasse einen Werbetext, der etwas Positives über dich aussagt.
- Stelle deine Stärken in den Vordergrund.

- Schau dir dein Foto und deinen Text als Beobachter an, und überlege, ob du diese Person anschreiben würdest. Was darf bleiben, und was sollte noch zum Positiven verändert werden?
- Hast du deine wertvollen Eigenschaften herausgestellt?
- Erzählst du von dir als aktiver, liebenswerter und lebensbejahender Person?
- Beantworte die Fragen ehrlich. Überleg dabei genau, was und wie viel du von dir mitteilen möchtest.

Mit meinem Entschluss zur Partnersuche hatte ich mir bereits Gedanken zur Selbstdarstellung gemacht, denn mir war bewusst, dass ich mich äußerlich möglichst attraktiv zeigen müsste, um mit 59 Jahren noch Aufmerksamkeit zu wecken. Ich legte mir deshalb einen jünger wirkenden Haarschnitt zu, radelte drei- bis viermal in der Woche vierzig Kilometer, um meine Fitness zu steigern und überflüssige Pfunde loszuwerden, und suchte erst nach Erreichen meines Wunschgewichts einen professionellen Fotografen auf, um vorteilhafte Bilder von mir zu bekommen. Wenn ich mit dem Rad durch manchen Regenschauer fuhr, der mich durchnässte, dachte ich stets daran, dass der Erfolg in der Partnersuche auch mit einer Veränderung und dem Wandel der eigenen Lebensgewohnheiten einhergeht. Ob sich diese Anstrengungen lohnen würden, wusste ich da natürlich noch nicht. Immerhin habe ich mit meinem persönlichen Fitnessprogramm etwas Gutes für meinen Körper getan.

Nicht nur dein Gesichtsausdruck und deine Körperhaltung auf dem Foto erzählen von dir; auch Hintergrund, Umgebung und Lichteinfluss sagen etwas über dich aus. Aber verstell dich nicht, denn deine Persönlichkeit soll sichtbar werden. Auch wenn du abnimmst, dir eine andere Frisur zulegst oder plötzlich sportlich wirst, solltest du darüber nachdenken, ob du das langfristig durchhalten kannst und ob die Veränderungen zu dir passen. Ansonsten kommt bei deinem neuen Partner vielleicht bald die Ernüchterung, weil du dich anders dargestellt hast, als du wirklich bist.

Die Darstellung meines Profils beschäftigt mich länger, als ich gedacht habe. Vor dem PC frage ich mich, wie ich eine Aussage als Botschaft so präzisieren kann, dass sie genau so aufgenommen und verstanden wird, wie ich es gemeint habe. Ich entscheide mich für gut ausformulierte Sätze, bei denen ich mir jedes Wort genau überlege. Schließlich möchte ich mit meinen Aussagen die Leserinnen anregen, mehr über mich erfahren zu wollen. Ich bin weder Werbetexter noch marketingerfahren, das wird mir jetzt schmerzlich bewusst. Wieder und wieder ändere ich die Wortwahl und den Satzbau, bis ich schließlich mit dem Ergebnis zufrieden bin. Das Angebot der Auswahlfragen erachte ich als sehr sinnvoll. So kann ich Einblicke in meine Denkweise, meinen Humor und meine Sicht auf die wichtigen Dinge im Leben vermitteln. Es reicht eben nicht, nur aufgrund der Übereinstimmung im Persönlichkeitsprofil einander vorgestellt zu werden; vielmehr möchte ich möglichst positiv wahrgenommen werden und Aufmerksamkeit wecken, denn die Frauen, zu denen mein Profil passt, sollen neugierig und somit zur Kontaktaufnahme ermuntert werden.

Ich bin hellwach. Dies ist der Moment, in dem ich mich in die Rolle einer Partnersuchenden hineinversetzen muss. Welche Signale soll ich senden? Was findet eine Frau humorvoll und nicht gekünstelt? Welche Formulierung wird verstanden, und welche wird möglicherweise falsch interpretiert? Wie vermeide ich Klischees und überkommene Vorstellungen?

Mir diese Fragen selbst zu beantworten, dabei authentisch und ehrlich zu bleiben, etwas dosierten Humor hinzuzugeben und am Ende eingängige Sätze zu formulieren, die weder abgedroschen noch überheblich klingen und bei den Leserinnen positive Reaktionen hervorrufen, motiviert mich, ein positives und zukunftsgerichtetes Bild von mir abzugeben.

Ich lege meine Strategie fest und wähle nur Fragen und Themen mit einer positiv orientierten Aussage aus, um damit den Spielraum der Antworten zu erweitern und bei den Leserinnen angenehme Assoziationen zu wecken – wie der bereits beschriebene Klassiker, welche Merkmale ein schöner Tag für mich besitzt.

Weiterhin beschließe ich, die Antworten bildhaft zu formulieren, damit die Leserinnen aus dem Text eine visuelle Vorstellung entwickeln, die den Sachinhalt meiner Botschaft unterstützt. Letztlich möchte ich auch als humorvoller Mensch wahrgenommen werden, der über die eigene Unvollkommenheit herzlich lachen und zu seinen Fehlern stehen kann. Die Schwierigkeit besteht darin, eigene Fehler einzugestehen, ohne damit sein Image zu beschädigen und nicht mehr ernst genommen zu werden. Da ich sehr gern Schokolade esse, dies aber mit Rücksicht auf mein Gewicht arg unter Kontrolle halten muss, entscheide ich mich für das »Geständnis«, dass ich bei Schokolade in Versuchung gerate, diese Vorliebe aber aus Gewichtsgründen kontrollieren muss.

Mit diesen Festlegungen komplettiere ich meine Selbstdarstellung auf der Profilseite. Die Anmeldung und Registrierung ist vollständig, aufrichtig, umfassend und beschreibt einen lebenslustigen und partnersuchenden 59-jährigen Mann. Ich drücke auf »Enter« und sende meine Erwartungen, Hoffnungen und Träume zusammen mit meiner Bankverbindung und vielen Informationen über mich an den Betreiber der Dating-Plattform. Geschafft.

Erste Kontaktvorschläge

Nach kurzer Zeit bekomme ich mit einem »Pling« eine neue E-Mail im Posteingang angezeigt. Darunter befindet sich als einzige Nachricht an diesem zu Ende gehenden Freitagnachmittag die Mitteilung meines Dating-Plattform-Betreibers, dass mein Profil angekommen ist und verarbeitet wurde. Die Mitteilung enthält darüber hinaus die für mich elektrisierende Nachricht, dass meine Kontaktliste erstellt wurde, die ich nun einsehen kann.

Innerlich aufgewühlt melde ich mich wieder auf der Homepage an. Die Suchmaschine hat in meinem Radius 141 Kontaktvorschläge für mich. Ich bin sprachlos, gerührt und muss einmal tief Luft holen. Was für ein unerwartetes, nie für möglich gehaltenes Ergebnis! So viele Gelegenheiten, interessante Frauen kennenzulernen und dabei vielleicht die eine zu finden, mit der ich meine Zukunft gestalten kann!

Damit die Suche nach einem neuen Partner für dich nicht zu einem negativen Erlebnis wird oder dich unter Stress setzt, ist eine positive Herangehensweise wichtig. Freue dich über jeden der Kontaktvorschläge, und sei neugierig, wer sich dahinter verbirgt. Diese Sicht stärkt dich selbst in deinem weiteren Vorgehen. Es sind nicht alles gleich neue Partner für dich, sondern es heißt nun, interessiert und gleichzeitig mit Vorsicht die unterschiedlichen Profile zu lesen und die eigenen Gefühle ernst zu nehmen.

Die Neugierde lässt mir keine Ruhe, ich klicke auf die Kontaktliste und lese die ersten Profile. In diesem anonymen Stadium ist das Profilbild noch verschleiert. Ich kann also das Gesicht der Person nur schemenhaft erkennen und bin auf die Profilangaben und die frei formulierten Texte meiner Kontaktvorschläge angewiesen. Ich klicke von Profil zu Profil und komme aus dem Staunen nicht heraus: So viele Frauen in meinem Alter suchen einen Partner! Aber schon stellt sich Ernüchterung ein: Wer ist die Richtige – und vor allen Dingen, bin ich umgekehrt für die partnersuchenden Frauen nicht auch nur die x-te Posteingangsmeldung unter vielen anderen Vorschlägen? Ich ertappe mich bei einem Denkfehler: Nur weil die Suchmaschine mir 141 Vorschläge unterbreitet, muss die Frau, die ich für mich begeistern kann und die mich begeistert, nicht dabei sein!

Der erste Aufruf der Kontaktliste ist für jedes neue Mitglied ein aufregendes und aufwühlendes Erlebnis. Meine Gedanken springen hin und her. Daher beschließe ich irgendwo zwischen Profil Nummer 25 und Profil Nummer 30, abzubrechen und mich für heute aus dem geschlossenen Mitgliederbereich abzumelden. Morgen ist auch noch ein Tag. Der heutige war schon sehr erfolgreich; ich bin mit mir und dem Ergebnis mehr als zufrieden.

Beim Stöbern in den Kontaktvorschlägen wirst du ganz unterschiedliche Gefühle in dir spüren, aber du wirst auch merken, wie anstrengend und zeitaufwendig es ist, dich mit einzelnen Profilen auseinanderzusetzen und diese auf dich wirken zu lassen. Achte auf ausreichend Pausen, um genug Energie für einen vielleicht längeren Weg der Partnersuche zu behalten. Diese Pausen benötigst du für deine Selbstfürsorge.

Selbstfürsorge bedeutet, dass du gut auf dich aufpasst und dich und deine Grundbedürfnisse angemessen versorgst. Dazu gehören gesundes Essen und Trinken, genug Schlaf, frische Luft, ein sicheres Zuhause, Bewegung und soziale Kontakte wie Familie, Freunde und Bekannte. Eine gute Selbstfürsorge wird deine Lebensfreude, Aktivität und Attraktivität deutlich verbessern.

Wie von Geisterstimme gerufen, kommt mein Sohn ins Arbeitszimmer. Dialoge bei Heranwachsenden sind offenbar stets auf das erforderliche Minimum reduziert, als ob man in dem Alter seine Denkleistung auf Sparflamme halten muss:

»Und?«

»Ich habe meine Kontaktvorschläge übermittelt bekommen.«

»Und?«

»Hunderteinundvierzig.«

»Nee!«

»Doch.«

Erste Schritte

Samstag, 22. Oktober

141 Profile wollen betrachtet und beurteilt werden: Wer interessiert mich, wer hat Texte über sich verfasst, die meine Neugierde wecken? Es ist schon ein seltsames Gefühl, anhand weniger Sätze darüber zu entscheiden, ob ich mit einer Person in Kontakt treten möchte oder nicht. Vergebe ich so Chancen, und enttäusche ich damit liebenswerte Frauen, die sich vielleicht nur etwas ungeschickt ausgedrückt haben? Mir wird zunehmend bewusst, wie wichtig und entscheidend für eine spätere Kontaktaufnahme eine sorgfältig ausformulierte Selbstdarstellung auf der eigenen Profilseite ist. Da kann ich nur hoffen, dass ich mit meinen Angaben alles richtig gemacht habe, denn die Suchmaschine hat nur die Profilübereinstimmung herausgefiltert. Bis zur Kontaktaufnahme ist es noch ein langer Weg.

Erfolgsaussichten

Nach einer Pause schalte ich den Rechner ein und melde mich bei meinem Plattformanbieter an. Sofort wird mir signalisiert, dass sich etwas auf meiner Kontaktliste getan hat. Ich stelle fest, dass sich drei potenzielle Kontakte verabschiedet haben. Gleichzeitig sind zwei neue hinzugekommen. Meine drei verlorengegangenen haben entweder einen Partner gefunden und konnten ihre Suche erfolgreich beenden, oder sie haben keinen Partner gefunden und wollten ihre Mitgliedschaft nicht mehr verlängern. Die bekannte Werbebotschaft lautet, dass sich durchschnittlich alle elf Minuten ein Single auf einer Plattform verliebt. Das klingt zunächst vielversprechend; wenn man jedoch genauer nachrechnet, verlieben sich 52.500 Mitglieder pro Jahr. Unterstellt man 5,2 Millionen Mitglieder beim Marktführer in Deutschland,[1] würde die Erfolgsquote innerhalb eines Jahres nur ein Prozent aller Mitglieder betragen. Offenbar scheiden jedoch 38 Prozent aus, weil sie einen Partner oder eine Partnerin gefunden haben. Als positiv denkender Mensch mache ich meine Entscheidungen nicht von Statistiken abhängig. Ich glaube an die 38 Prozent, die sich als Verliebte von der Plattform abmelden. Sollte diese Zahl nicht stimmen, dann bin ich

1 Vgl. Dating-Vergleich.de: Parship im Test. 5,2 Millionen der elf Millionen Mitglieder sind in Deutschland registriert; www.dating-vergleich.de/partnervermittlung/parship, aufgerufen am 19.9.2017.

garantiert bei dem einen Prozent dabei. Ich glaube an den Erfolg, sonst hätte ich mich nicht angemeldet.

Lebe deinen Traum. Was sagt schon die Statistik aus? Dein Erfolg ist abhängig von deinem persönlichen, zeitlichen und emotionalen Einsatz und deiner jetzigen Lebenssituation. Und dennoch, trotz Einsatz und guter Vorbereitung kann es sein, dass der richtige Partner nicht gleich in Sicht ist. Gib dir Zeit, und sei nachsichtig mit dir. Behalte den Glauben an dich, und visualisiere deinen neuen Partner, so wirst du die Suche mit Stärke fortsetzen.

Die Frage nach dem Erfolg der Partnersuche mithilfe des Online-Datings interessiert vermutlich nicht nur mich, sondern wahrscheinlich jeden Partnersuchenden. Bevor wir Zeit und Geld investieren, möchten wir natürlich wissen, ob sich die Mühe lohnt. Die Antwort auf diese Frage ist einfach: Es liegt an dir! Im Online-Dating durchlaufen alle Mitglieder den gleichen Prozess: Wie bereits beschrieben, musst du dich zunächst vorstellen und durch die Beantwortung der vielschichtigen Fragen deine Werte, Einstellungen und Gewohnheiten offenbaren. Daraus ermittelt der Suchalgorithmus die für dich passenden Kontaktpersonen. In der zweiten Stufe lesen deine Kontaktvorschläge dein Profil, so wie auch du deren Profil lesen kannst. Jetzt müssen sich zwei potenzielle Partner wechselseitig so interessiert zeigen, dass daraus eine weiterführende Kommunikation entsteht, die in der dritten Stufe zu einem gemeinsamen Telefonat und in der vierten Stufe zu einer persönlichen Begegnung führt. Nur wenn daraus schließlich gegenseitige Sympathie und Neugierde auf den anderen Partner erwachsen, besteht in der fünften Stufe die Chance, sich näher kennenzulernen und sich in den anderen Partner zu verlieben. Wenn du eine neue Beziehung suchst, steigt die Erfolgswahrscheinlichkeit so von Stufe zu Stufe. Es geht also nicht um die Frage, ob du einen Partner findest, sondern vielmehr darum, ob du genügend Energie, Geduld und Durchhaltevermögen aufwenden kannst, um ihn zu finden.

Aus der Kontaktliste ist nicht ersichtlich, wie lange ein Mitglied bereits im Online-Dating aktiv ist und wie viele Treffen dieses Mitglied bereits absolviert hat. Lediglich bei den übermittelten Neumitgliedern kann ich davon ausgehen, dass diese Kontakte so unerfahren sind wie ich.

Ich taste mich vorsichtig an die Kontaktvorschläge heran.

Was mir sofort auffällt: Keine der vorgeschlagenen Damen ist sechzig oder älter. Insofern limitiert meine Obergrenze von 63 Jahren offenbar nicht exakt. Wie ich bereits vermutet hatte, finden sich in meinen Kontaktvorschlägen auch nur wenige Damen zwischen 52 und 54. Insofern hat die auf Wunsch meines Sohns erfolgte Altersspreizung nach unten nicht zu einem besseren Ergebnis geführt. Ich vermute daher, dass Frauen von 52 bis 54 eben keine 59-jährigen Partner suchen und die maximale Altersdifferenz auf vier Jahre begrenzt haben. Meine Kontaktvorschläge sind überwiegend zwischen 55 und 59 Jahre alt und bis auf wenige Ausnahmen geschieden oder getrennt lebend mit erwachsenen Kindern, die nicht mehr im eigenen Haushalt leben. Es finden sich auch einige ledige Damen bei meinen Kontaktvorschlägen und eine verwitwete, die offenbar mein Schicksal teilt. Je länger ich mich mit den Vorschlägen beschäftige, desto deutlicher wird mir, dass wir eine Schicksalsgemeinschaft bilden, in der jeder Einzelne von uns eine Trennung vom Ehepartner beziehungsweise Lebenspartner erfahren und sehr wahrscheinlich durchlitten hat.

Als positiv denkender Mensch hoffe ich, dass wir Mitglieder auf der Suche nach Glück, Liebe und Vertrauen unterwegs sind und jeder für sich mit seinem Trennungstrauma ein verletzlicher Mensch ist, der sich intuitiv vor weiteren seelischen Verletzungen schützen will. Die Anonymität der Kontaktvorschläge bekommt damit für mich eine ganz andere und durchaus willkommene Bedeutung: Wie viel Zeit und Geduld wir benötigen, um einen liebenswerten Menschen kennenzulernen und gegenseitiges Vertrauen aufzubauen, wird durch viele Zufälligkeiten bestimmt, auf die wir nur begrenzt Einfluss haben.

Ich gelange auch zu einer weniger erfreulichen Erkenntnis: Online-Dating erzeugt systembedingt viele Ablehnungen, viele Enttäuschungen und ebenso viele enttäuschte Mitglieder. Nicht allen wird das Glück zuteil, im Verlauf ihrer Partnersuche doch den Menschen zu finden, der sie glücklich macht, bei dem sie sich fallen lassen können und mit dem sie die Geborgenheit einer vertrauten Zweisamkeit wieder erleben dürfen.

Das Gefühl der Enttäuschung entsteht meistens dann, wenn du zu hohe Erwartungen an dich gestellt hast. Falls es dein Ziel ist, dass alle Kontaktprofile deine Wünsche erfüllen und sich bei dir melden, wirst du sicherlich enttäuscht werden. Enttäuschungen können ein Hinweis darauf sein, dass wir unsere Erwartungen überprüfen müssen. Unseren eigenen Anteil an Fehlern sollten wir genauer betrachten und daraus eventuell Veränderungen ableiten.

Bei zu wenigen Kontaktvorschlägen ist es ratsam zu schauen, ob das Foto etwas anderes ausdrückt, als wir vermitteln wollten, ob der Suchradius erweitert werden kann oder ob die Selbstdarstellung zu wenig Aussagekraft hat. Gib dir Zeit, stell dich positiv dar, und zeig dich von deiner besten Seite. Wir empfinden Enttäuschungen bei der Partnersuche als besonders schlimm, da unser Grundbedürfnis nach einem liebevollen Menschen und nach Anerkennung nicht befriedigt wird. Wenn wir jedoch aus dem Gefühl der Enttäuschung heraus sofort den Rückzug antreten, haben wir schon verloren, obwohl eventuell irgendwo ein wunderbarer Partner auf uns wartet. Es lohnt sich, optimistisch und ausdauernd zu bleiben und sich nicht gleich entmutigen zu lassen, wenn man sein Ziel erreichen möchte.

Tipps für den ersten Kontakt

- Nimm jeden netten und angenehmen Kontakt als Abwechslung und Stärkung. Vielleicht lernst du auf diesem Weg nette Freunde kennen, auch wenn sich keine Partnerschaft daraus entwickelt.
- Sammle die kleinen Momente des Glücks.
- Belohne dich für jeden kleinen Schritt in Richtung Ziel.
- Die positiven Erfahrungen solltest du nicht abwerten, nur weil sich bisher keine Partnerschaft ergeben hat. Vielleicht hast du eine andere Stadt kennengelernt, oder das Essen an dem Abend war vorzüglich: All das können stärkende Erlebnisse sein.
- Sprich mit Freundinnen und Freunden über deine Erfahrungen.
- Überprüfe regelmäßig, ob du konkret etwas an deinem Profil verändern möchtest.
- Suche die Gründe für eine erfolglose Partnersuche nicht immer bei dir persönlich, prüfe lieber noch einmal deine Eigendarstellung.
- Ziehe nach einer angemessenen Zeit deine Konsequenzen, und entscheide dich eventuell für eine andere, erfolgversprechendere Partnervermittlung.
- Verwöhne dich mit einem Duftbad, Kerzenschein, Musik, einem Gang ins Fußballstadion, Sport, einem Saunabesuch, einem Spaziergang oder einer Auszeit mit deinem Hobby.

Beruhte mein Plan einer Partnersuche im Internet auf einer fatalen Fehleinschätzung der Erfolgsaussichten? Ich muss darüber nachdenken, bevor ich mich weiter mit meinen Kontaktvorschlägen befasse. Wie viele Chancen habe ich wirklich?

Rekapitulieren wir noch einmal: Das Online-Dating besteht aus einem mehrstufigen Prozess. In Stufe 1 entscheidet die Suchmaschine anhand des hinterlegten Profils aus dem Persönlichkeitstest und den eigenen Angaben, welche Mitglieder eine passende Übereinstimmung aufweisen, und erstellt daraus die Kontaktliste. In Stufe 2 entscheidet sich dann, ob sich unter den vorgeschlagenen Kontakten Mitglieder befinden, die Interesse hervorrufen und demzufolge »angelächelt« werden. Das wiederum liegt in der Selbstdarstellung, mit der wir die Neugierde oder das Interesse unserer Kontaktpartner wecken können.

Die Kontaktprofile bestehen zunächst aus einer Überschrift, in der sich in den meisten Fällen die Berufsbezeichnung und das Lebensalter finden. Hinzu kommen die wesentlichen Personendaten wie Körpergröße, Familienstand, Anzahl der Kinder im eigenen Haushalt und so weiter. Für den Betrachter zugänglich sind ferner die selbstverfasste Botschaft an die Leser sowie die Aussagen zu ausgewählten Fragen. Das eigene Porträt bleibt verschleiert, bis ein Mitglied sein Foto beziehungsweise seine hochgeladenen Bilder gegenüber einem anderen Mitglied freigibt.

Je geringer die Anzahl der Kontaktvorschläge ausfällt, desto wichtiger ist die »Passgenauigkeit« dieser Kontaktvorschläge, also das Ziel, eine hohe Übereinstimmung der Profile zu erreichen und in der Beantwortung der Fragen zu den persönlichen Einstellungen, Werten und Gewohnheiten Extremaussagen zu vermeiden. Wenn ich beispielsweise ein bekennender Opernfreund bin und ansonsten keine anderen Freizeitinteressen habe, wird der Suchalgorithmus nur nach Opernfreunden suchen. Beantworte ich die Frage nach meinen Freizeitgewohnheiten etwas breiter mit Opern- und Konzertbesuchen und dem Treffen mit Freunden, verbreitere ich die Auswahlkriterien, indem mir darüber hinaus Konzertbesucher und den eigenen Freundeskreis pflegende Menschen vorgestellt werden.

Natürlich können sich auch zwei Menschen ineinander verlieben, die nur eine mittlere Profilübereinstimmung aufweisen. Dabei muss die Übereinstimmung noch ausreichend hoch sein, damit daraus ein Kontaktvorschlag entsteht. Sosehr ich mich bei der Beantwortung der Fragen der Wahrheit und Authentizität verpflichtet gesehen habe, achtete ich doch darauf, den »Mainstream« nicht aus den Augen zu verlieren, ohne dabei beliebig zu wirken. Mit »einkaufen gehen«, »in den Urlaub fahren« und »Freunde treffen« würde ich ein wenig aussagekräftiges Profil generieren, welches mir wahrscheinlich viele undifferenzierte Kontaktvorschläge beschert. Etwas spezifischer wäre »Mode« (Einkaufen), »Bergwandern«

(Urlaub) sowie »mit guten Freunden zu Abend essen« (Pflege von Freundschaften). Also bedarf es sorgfältiger Antworten, um sich einerseits nicht unbeabsichtigt an den Rand des Suchfelds zu begeben und andererseits Differenzierungen vorzunehmen, die eine qualitative Verbesserung der Partnervorschläge bewirken. Je aussagefähiger du dich darstellst, desto besser wirst du wahrgenommen.

Das ist sicherlich leichter gesagt als getan. Wir partnersuchenden Mitglieder kennen die Logik nicht, nach der uns das Computerprogramm einem bestimmten Typus zuordnet. Sicherlich werden unsere Antworten auf die gestellten Fragen psychologisch in Verhaltens- und Charaktermuster umgesetzt und daraus sogenannte »Cluster« gebildet. Dabei unterstelle ich, dass der Suchalgorithmus unter den Mitgliedern eine Vorauswahl trifft: So dürfte es ausgeschlossen sein, dass auf diese Weise Raucher und Nichtraucher zusammenkommen. Auch Tierbesitzer und solche, die Tiere nicht im eigenen Zuhause haben wollen, werden keine Chance auf ein Treffen erhalten. Offen bleibt auch die Frage, ob die Suchmaschine Frühaufsteher und Langschläfer, Frischluftfanatiker und Warmschläfer zusammenbringt. Es gibt fundamentale Eigenschaften in jeder Persönlichkeit, bei denen eine Veränderung der Lebensgewohnheiten zu Partnerschaftsproblemen führen kann. Ich vermute daher, dass uns der Plattformbetreiber solche später eintretenden Enttäuschungen ersparen will und die Mitglieder vorher hinsichtlich der essenziellen Lebensgewohnheiten kategorisiert.

Gerade für jüngere Frauen wird die Frage nach einem Kinderwunsch in der neuen Beziehung wichtig. Wie alle anderen Fragen auch sollte diese ehrlich beantwortet werden. Für die männlichen Mitglieder gilt das in gleicher Weise. Auch wenn es mitunter unangenehm ist, die eigene Einstellung zu den zutiefst persönlichen Fragen der menschlichen Existenz beantworten zu müssen: Es hilft keinem Partner, wenn Konfliktthemen ausgeklammert werden, anschließend keine gute Lösung gefunden werden kann und eine an sich gute Partnerschaftsbasis schlussendlich daran scheitert, die wesentlichen Fragen nicht frühzeitig geklärt zu haben.

Ich widme mich wieder meinen Kontaktvorschlägen. Am Wochenende scheinen sich viele Partnersuchende anzumelden, jedenfalls signalisiert mir der rote Punkt erneut neue Kontaktvorschläge.

Am Wochenende haben viele Menschen mehr Muße, sich der Partnersuche zuzuwenden, als innerhalb der Arbeitswoche. Natürlich kostet die Suche nach einer neuen Beziehung viel Zeit und ist oft anstrengend. Wir können daran gut prüfen, ob wir wirklich einen neuen Partner in unser Leben lassen möchten. Denn eine Partnerschaft, wenn sie denn mit dem Wunsch nach Dauerhaftigkeit eingegangen wird, kann auch nur wertvoll bleiben, sofern beide Partner gern genug Zeit, Lebensfreude und Energie dafür aufwenden. Also, wenn dir die Partnersuche zu anstrengend wird, ist der Zeitpunkt für eine verlässliche Partnerschaft vielleicht noch nicht gekommen.

Damit du dein Ziel erreichst, werden immer wieder Zeit und Selbstreflexion von dir erwartet.

Ein erstes Anlächeln

Ich erkenne auf meiner Informationsseite die psychologische Auswertung meiner Persönlichkeit anhand der von mir gegebenen Antworten zu den Fragen des Profils. Neugierig lese ich meine Analyse, wer ich bin und wie sich meine Persönlichkeit in meinem Verhalten spiegelt. Ich bin erstaunt, wie gut meine Eigenschaften herausgearbeitet wurden, und erkenne mich in der Darstellung wieder. Da ich mich beruflich mehreren Persönlichkeits- und Intelligenztests unterziehen musste, kann ich feststellen, dass ich so geblieben bin, wie man mich schon vor zwanzig Jahren begutachtet hat. Zu meiner Beruhigung hat das System auch meine Schwachstellen herausgefunden, ich fühle mich dennoch gut dabei, weil ich so dem Suchalgorithmus vertrauen kann und davon ausgehe, dass hier jede Menge wissenschaftlicher Arbeit im Suchmodus steckt, der wirklichkeitsnah Menschen mit kompatiblen Eigenschaften zusammenführt.

In der Anleitung zum Umgang mit Kontaktvorschlägen lese ich, dass ich die Person hinter dem Kontaktvorschlag »anlächeln« kann, um damit mein Interesse an einer Kontaktaufnahme zu bekunden. Weiterhin habe ich die Möglichkeit, für eine Kontaktperson mein Porträt und die zusätzlich gespeicherten Bilder zu entschleiern, sodass diese Person mein Bild sehen kann. Passenderweise bin ich mit einem Arbeitskollegen befreundet, der bei meinem Anbieter vor zwei Jahren eine sehr liebe Partnerin gefunden und mir den Hinweis gegeben hat, bei der Kontaktaufnahme nicht lange Zeit zu verlieren und nicht nur »anzulächeln«, sondern bei der Gelegenheit auch gleichzeitig den Schleier über meinen Bildern zu lüften. Ein Rat, den ich ohne weiteres Nachdenken befolgen will, denn ich habe ja kein Problem damit, mein Bild zu zeigen, auch wenn die Sorge, dabei einer mir bekannten Dame zu begegnen, nicht gänzlich aus meinem Kopf verschwunden ist.

Aber was soll's? Nichts auf dieser Welt ist ohne Risiko. Nach einigem Hin und Her und der Betrachtung des Profils sowie der selbstformulierten Beschreibung der eigenen Person beschließe ich, die »kfm. Angestellte, 54« anzulächeln und ihr gegenüber zugleich meine Bilder zur Betrachtung freizugeben. Dazu schreibe ich einen kurzen Begleittext und erkenne das erste Problem: Wie rede ich eine mir fremde Person an? Wie redet man sich eigentlich in der Gemeinschaft der Partnersuchenden an? Mit einer etwas konstruierten Anrede (»Liebe Partnersuchende«) und einem kurzen Text versuche ich zunächst, die »Du«- oder »Sie«-Anrede zu umgehen. Ich oute mich als neues Mitglied, was eigentlich überflüssig ist, denn anders würde mein Profil bei der von mir angelächelten und angesprochenen Person ja nicht als neuer Kontaktvorschlag erscheinen. Ehrlicherweise gebe ich zu, dass ich noch keine Erfahrung im »Chatten« besitze und mich die persönlichen Angaben meines Gegenübers angeregt haben, mehr über diese Person erfahren zu wollen. Ich ergänze, dass ich dazu meine Bilder freigegeben habe, um dem Interesse an weiteren Informationen Nachdruck zu verleihen.

Es ist die erste Kontaktaufnahme, und sie wurde von mir initiiert. Ich habe natürlich keine Ahnung, ob die »kfm. Angestellte, 54« an diesem Samstag online ist und überhaupt registriert, dass ich den Initialkontakt herbeiführen möchte.

Die nächste Frage geht mir durch den Kopf: Was passiert eigentlich, wenn die 54-Jährige keinen Kontakt mit mir aufnehmen will? Bleibt mein Lächeln dann einfach unbeantwortet? Ich habe mich für diesen Kontakt entschieden, weil mich die »Selbstauskunft«, die wir Suchenden über uns verbreiten, tatsächlich angesprochen hatte. Mein Kontaktgesuch bleibt zunächst unbeantwortet. Das Mitglied ist offenbar nicht online. Ich vermute, dass Mitglieder, die bereits Erfahrungen gesammelt und entsprechend viel Zeit und Energie in die Kontaktaufnahmen investiert haben, mit größerer Gelassenheit auf die Mitteilung einer neuen Nachricht reagieren als ich und nicht gebannt vor ihrem Rechner sitzen.

Ich lasse deshalb den Computer betriebsbereit und kümmere mich zwischenzeitlich um meinen Haushalt. Der Nachmittag ist schon fortgeschritten, als ich wieder an meinem Schreibtisch Platz nehme. Meine Profilseite hat neue Nachrichten für mich. Wieder hat sich eine Frau angemeldet, deren Profil mit meinem übereinstimmt, und dann betrete ich Neuland, denn es haben mich zwei Frauen »angelächelt«. Mein Erstkontakt hat mir immer noch nicht geantwortet. Die beiden anlächelnden Damen hatte ich bislang nicht wahrgenommen. Nach kurzer Prüfung der Profile entscheide ich mich, beide Frauen ebenfalls anzulächeln und meine Bilder zu entschleiern. Ergänzend füge ich eine kurze Antwort hinzu, dass ich mich über die Kontaktaufnahme gefreut habe.

Ich finde tatsächlich weitere Kontaktvorschläge, die mich interessieren, und sende mein Lächeln zusammen mit meinen Bildern. Bei einigen Mitgliedern bin ich mir unsicher und schaue mir wiederholt ihre Selbstbeschreibung an, ohne jedoch aktiv zu werden. Was ich zum gegenwärtigen Zeitpunkt noch nicht erkenne, ist die Funktionstaste, mit der man herausfinden kann, wer sich meine Profilseite angeschaut und wie häufig das Mitglied meine Profilseite betrachtet hat.

Ich beende meine Präsenz in der Dating-Community für den heutigen Tag mit dem guten Gefühl, die Kontaktaufnahme zu einigen Mitgliedern in Gang gebracht zu haben, und bin auf ihre Reaktion gespannt. Umgekehrt freut es mich, dass auch einige Frauen durch die Mitteilung meiner Zugehörigkeit zum Club der Bindungswilligen auf mich aufmerksam geworden sind und mehr über den »leitenden Angestellten, 59« erfahren wollen. Ich bin mit mir und dem erreichten Zwischenstand sehr zufrieden.

Meistens melden sich auf dem Online-Portal Menschen an, die eine verlässliche Beziehung eingehen möchten, sich also einen Lebenspartner wünschen. Dennoch ist dies wie gesagt von Anbieter zu Anbieter unterschiedlich. Ob dein Ziel bei der Suche auf der Online-Plattform ein Lebenspartner, ein Flirtpartner, ausschließlich ein Sexualpartner oder ein Partner zur Freizeitgestaltung ist, hängt von deinen eigenen Lebenserfahrungen, deinem Menschenbild und deinen jetzigen Bedürfnissen ab. Es hat mit deinen eigenen bisherigen Bindungserfahrungen zu tun, ob du anderen Menschen vertraust, dich sicher und willkommen fühlst oder ob du Angst vor Nähe oder Verantwortung hast. Deine Kontakte und Beziehungen mit Freunden sowie deine Bereitschaft, einen neuen Partner kennenzulernen, werden davon beeinflusst sein. Jede direkte und virtuelle Begegnung mit einem anderen Menschen lässt den Körper an ganz eigene Bindungserfahrungen aus deiner Baby- und Kleinkindzeit und natürlich aus bisherigen Beziehungen erinnern. Unterschiedliche Autoren beschreiben, dass unsere Bindungsbereitschaft schon im Mutterleib mitgeprägt wird und dass sich alle Bindungserfahrungen in unserem Körper abspeichern. Deshalb passen manchmal unsere Gefühle von Angst, Unsicherheit oder Beschämung beim Agieren auf der Plattform nicht mit unserem Selbstbewusstsein zusammen. Wir spüren nur, ob das innere Kind in uns schreit oder wir Vertrauen empfinden.

Wenn es schreit, kommen in uns Sätze hoch wie »Du verlässt mich eh wieder«, »Ich glaube dir nicht«, »Keiner meint es ehrlich mit mir« oder »Ich bin es nicht wert, geliebt zu werden«. Oder im Verhalten zeigt sich ein Klammern an jedes nette Wort, und die Realität wird verleugnet. Wenn wir in uns ein tiefes Gefühl von Vertrauen spüren, werden wir angenehme Empfindungen haben, unserem Bauchgefühl können wir dann folgen. Das Kennenlernen wird keine Denkleistung, sondern deine Emotionen leiten dich. Du bist dir dann dessen bewusst, dass es irgendwo einen Partner für dich gibt; vielleicht dauert es, ihn zu finden, aber du zweifelst nicht daran, dass du ihn treffen wirst. Bei der Erinnerung an viele gute Bindungserfahrungen ist es auch möglich, Rückschläge und Enttäuschungen zu verkraften, und du hältst die Gefühle von Traurigkeit und Ärger aus, kannst sie verändern und bleibst dennoch aktiv.

Sonntag, 23. Oktober

Der Sonntagmorgen zeigt sich von seiner besten Seite. Mein Sohn befindet sich noch im komatösen Tiefschlaf eines Siebzehnjährigen. Ich habe also Zeit und Muße, um über meine ersten Dating-Erfahrungen nachzudenken.

Am Wochenende scheint die Dating-Community wieder besonders aktiv zu sein. Mir wird einmal mehr klar, dass die Kommunikation mit partnersuchenden Frauen viel Zeit beanspruchen wird. Der Fluch des Systems liegt darin, dass man mehrere Kontaktanbahnungen parallel führen kann. In den weit zurückliegenden Zeiten des analogen Kennenlernens war man meist auf eine Person fixiert und hat sich redlich bemüht, das Interesse des anderen Geschlechts zu wecken. Das Online-Dating zeigt sich da ganz anders. Wird die Fortsetzung der initiierten Kommunikation nicht gewünscht, kann man sich zu jedem beliebigen Zeitpunkt zurückziehen. Der Misserfolg ist zu Beginn eines Kennenlernens noch schmerzfrei, und dort, wo sich bereits eine emotionale Bindung ihren Weg bahnt, tröstet einen die Verfügbarkeit der noch nicht erschlossenen Gruppe der bislang »nicht angelächelten« Kontaktpartner wie eine Reservebank beim Fußball. Ersatzspielern haftet ja zunächst das Image der Zweitklassigkeit an, auch wenn mancher von ihnen für sich allein betrachtet durchaus Weltklasse besitzt.

Die Kontaktliste analysieren

Ich erkenne, dass Internet-Dating ein Qualifizierungsverfahren mit harten Auswahlkriterien ist. Wie ein Fußballtrainer beurteile ich Menschen nach dem Grad meines subjektiven Empfindens: Wen finde ich anhand weniger Merkmale als interessant genug für eine Kontaktaufnahme, und wen schiebe ich zunächst auf die Reservebank? Meine Liste der ursprünglich 141 Kontakte wurde vom Betreiber nicht nach dem Grad der Übereinstimmung sortiert, vielmehr scheint sich die Reihenfolge zufällig ergeben zu haben und keinem Muster zu folgen.

Meine erste Entscheidung beim Frühstück lautet daher, die bisher nur oberflächlich betrachteten Kontakte noch einmal intensiv anzuschauen. Ich möchte mir dabei nicht vorstellen, dass meine Kontakte mich »links liegen lassen« und alle Mühe und Vorbereitung für eine erfolgreiche Selbstvermarktung auf dem Markt der Gefühle vergeblich war.

Der wesentliche Vorteil des Online-Datings ist natürlich die besagte hohe Effizienz der Partnersuche. Hier muss niemand für eine Partnerschaft mobilisiert werden, denn alle Mitglieder eint der Wunsch, doch möglichst schnell einen liebenswerten Menschen kennenzulernen, mit dem man nicht nur eine oberflächliche Beziehung eingeht, sondern in den man sich idealerweise auch unsterblich verlieben kann und mit dem man eine lebenslange Partnerschaft oder andere Beziehungsformen eingehen möchte. So gesehen haben wir Mitglieder den Bindungswillen bereits mit der Anmeldung bekundet.

Technisch gesehen ist es gar kein Problem, mit mehreren Frauen gleichzeitig zu kommunizieren, zu flirten, zu telefonieren, sich zu verabreden und dann zu schauen, wer für eine ernsthafte Beziehung infrage kommt. Wenn dieses Stadium erreicht ist, wird eine Ablehnung wahrscheinlich schmerzhaft für mich sein, aber solange noch liebenswerte Kandidatinnen verfügbar sind, werde ich wahrscheinlich schnell darüber hinwegkommen. Schließlich sieht es ja so aus, als ob beständig neue Kandidatinnen die Kontaktliste ergänzen.

Meine zweite Entscheidung beim Frühstück lautet daher, die Zahl paralleler Gesprächsführungen einzugrenzen und erst einmal abzuwarten, wer auf meine Signale reagiert und ob es überhaupt weitere Kontaktaufnahmen von Frauen gibt, die mehr über mich erfahren wollen. Online-Dating hat das Potenzial für schwere Enttäuschungen; und Mitglieder, die bereits eine Beziehungskrise hinter sich haben, können auch bei dieser Form der Partnersuche weitere Rückschläge erleben, die erst einmal emotional verkraftet werden müssen. Letztlich wollen wir beachtet, wertgeschätzt und geliebt werden. Liebesverweigerung durch Ablehnung ist gewiss nicht schön und kann zu einer echten Sinnkrise führen, wenn sich Nichtbeachtung und Ablehnung im Dating-Portal fortwährend wiederholen sollten. Ich hoffe inständig, dass mir dieses Schicksal erspart bleibt. Der Spruch »Für jeden Topf gibt es auch einen passenden Deckel« ist schnell dahergesagt, aber mitunter sind die Chancen einfach ungleich verteilt. Gibt es in der Reaktion der potenziellen Partner eine Tendenz zur Kontaktaufnahme mit mir, oder bin ich eine Randfigur, der keine Beachtung geschenkt wird? Finden die Frauen meiner Altersgruppe mein Profil uninteressant, und sollte ich etwa schon zu alt für meinen Beziehungswunsch sein? Im Online-Dating muss man sich offensichtlich auch harten Realitäten stellen. Wer sagt, dass das Leben immer fair ist?

Mein dritter Entschluss beim Frühstück folgt meinen Gedankenspielen: zurück auf die Mitgliederplattform und nachschauen, was sich getan oder nicht getan hat. Ich logge mich in den geschlossenen Mitgliederbereich ein. Hoffentlich war die Passwortwahl nicht eine grandiose Überschätzung einer überzogenen Attraktivitätsvermutung, zuckt es mir durch den Kopf. Ich bin wieder online – und zu meiner großen Erleichterung stelle ich fest: »Ich bin im Spiel!« Die Wahlprognose fällt zu meinen Gunsten aus. Mein angelächelter Erstkontakt hat zurückgelächelt und ebenfalls die eigenen Bilder entschleiert. Auch alle übrigen angelächelten Mitglieder haben reagiert; und bis auf eine »Unternehmensberaterin, 52« haben alle ihre Bilder entschleiert. Darüber hinaus haben mich diverse Frauen angelächelt, die ich bislang nicht auf meiner Auswahlliste hatte. Erstmalig sehe ich die Porträts von dreizehn Frauen. Mir fällt ein Stein vom Herzen. Ich sitze erst einmal regungslos vor dem Bildschirm und sortiere meine Gedanken. Meine bislang anonymen Kontaktvorschläge haben sich gerade zu echten Menschen verwandelt, die mir freundlich gegenübertreten und mir ihre Geschichte erzählen. Die persönlichen Textbeiträge in den Profildarstellungen bekommen eine gänzlich andere Bedeutung. Ich habe ein Bild vor Augen, und damit ändert sich meine Wahrnehmung. Wie die Mehrzahl aller Menschen bin ich ein visueller Typ; das heißt, Bilder sind für mich der wesentliche Informationsverarbeitungskanal. Das gesprochene oder gelesene Wort vermag meine Fantasie anzuregen, aber ich messe dieser Informationsübermittlung wesentlich geringere Bedeutung bei als meiner Bildverarbeitung.

Wen habe ich vor mir? Natürlich die »kfm. Angestellte, 54«, die ich als Erstes angelächelt habe, aber auch die »Pädagogin, 55«, die »Ärztin, 53« und die »Ärztin mit eigener Praxis, 55«, die bildlose »Unternehmensberaterin, 52«, die allesamt geschieden sind, sowie die »Apothekenhelferin, 56«, die wie ich verwitwet ist. Unerwartet in meiner Altersklasse befinden sich darunter auch zwei ledige Frauen mit Bild, die »Chefsekretärin, 56« und die »Künstlerin, 47«, wobei Letztere 300 Kilometer von mir entfernt wohnt und mir sogleich anbietet, sehr zügig bei mir einziehen zu wollen, da es ihr eigentlich egal sei, wo sie ihrer Kunst nachgehe. Ob ich unter diesem Kriterium die richtige Wahl bin, möchte ich ehrlicherweise nicht herausfinden. Ich suche doch eigentlich die großen Gefühle, die Schmetterlinge im Bauch hervorrufen, und eine herzliche Verbindung mit einer lebenslustigen und warmherzigen Frau. Nachdem mich auch neue Kontaktvorschläge aus Köln und Düsseldorf erreichen, kann ich nur vermuten, dass der Suchalgorithmus bei hohen Übereinstimmungswerten auch Vorschläge übermittelt, bei denen nur ein Partner sein Suchgebiet ausgedehnt hat.

Weitere Profilbilder wollen betrachtet werden. Die »Architektin, 57«, die »Sozialpädagogin, 55« und die »Bibliothekarin, 57« haben Interesse signalisiert, ebenso weitere, wissenschaftlich gebildete Frauen wie die »Mathematikerin, 55« und die »Erziehungswissenschaftlerin, 56«, die als Lehrfächer meine vormaligen Angstfächer »Mathematik und Physik« angibt. Und dann treffe ich an diesem Sonntagvormittag noch auf die »Selbstständige in der Werbung, 58«, bei der ich mich sogleich wundere, dass ich sie bei meinem Kontakt-Screening offensichtlich übersehen habe. Zusätzlich zu der ansprechenden Selbstbeschreibung habe ich jetzt auch ein sehr ansprechendes Porträt erhalten. Insgeheim bin ich dankbar, dass sie mich angelächelt hat, anderenfalls hätte ich ein für mich interessantes Profil schlichtweg übersehen. Wie gut, dass die »Selbstständige in der Werbung, 58« meinen Fehler durch eigenes Handeln ausgeglichen hat. Dreizehn Frauen, dreizehn Lebensgeschichten, dreizehn Mitglieder, die entschieden haben, mehr von mir erfahren zu wollen. Während ich die dreizehn Profile erneut anschaue und neben dem Porträt auch die übrigen Bilder betrachte, welche die mich an- und zurücklächelnden Frauen eingestellt haben, melden sich als Nr. 14 die »Marketingexpertin, 55« und als Nr. 15 die ebenfalls 55-jährige »Germanistin«, die gerade vermutlich nach dem Sonntagsfrühstück neue Kontaktvorschläge sichtet.

Du erhältst in der Regel viele verschiedene Kontaktvorschläge, unterschiedliche Menschen mit diversen Berufen und jede Menge persönliche Angaben werden auf der Seite sichtbar. Du wirst sicherlich über die Vielfältigkeit der Informationen erstaunt sein, aber auch über deine damit verbundenen Gefühle.

Es wird dir deutlich werden, wie geprägt du von deinen Lebenserfahrungen bist. Das Beispiel von der Erziehungswissenschaftlerin mit den Fächern Mathe und Physik zeigt es eindrucksvoll. Die Schulzeit liegt circa vierzig Jahre zurück, und dennoch sind die Erfahrungen lebendig und haben einen Einfluss auf die Entscheidung, ob, wann und wie man die Person kennenlernen möchte. In unserem Leben gibt es viele solcher Situationen, die wir generalisieren, also übertragen auf Personen, Orte, Länder, Altersgruppen und so weiter.

Sehr oft steht uns eine frühere Erfahrung im Weg und verhindert, dass wir uns öffnen und vom Gegenteil überzeugen lassen. Denn frühere Erlebnisse können uns begrenzen, aber auch schützen. In der Psychologie nennen wir das »Übertragung«. Das bedeutet, dass wir verdrängte Gefühle, Erwartungen oder Befürchtungen aus der Kindheit unbewusst auf neue Beziehungen projizieren. Es kann auch ein lang zurückliegendes Gefühl aktiviert und spürbar werden. Die Partnersuche ist also keine neutrale und unbelastete Angelegenheit, sondern ein Zusammenspiel aus Gefühlen, Erfahrungen, Erinnerungen, unserem inneren Vertrauen und der Offenheit und Neugierde gegenüber anderen Menschen. Wichtig ist, sich dessen bewusst zu sein und unter Umständen auch mal eine Entscheidung zu treffen, mit der man »über den eigenen Schatten springt«.

Ich brauche eine Pause, um nachdenken zu können. Im Obergeschoss meines Hauses vernehme ich akustische Signale menschlichen Lebens. Mein Sohn hat seinen Tiefschlaf beendet. Bis er beim »Früh«-stück erscheint, habe ich noch fünfzehn Minuten für eine Tasse Tee und die Sortierung meiner Gedanken. Wie gehe ich jetzt weiter vor? Mit wem nehme ich den Gesprächsfaden auf? Mit wem möchte ich nicht weiter chatten? Wer interessiert mich? Und vor allen Dingen: Wen finde ich attraktiv? Ich habe noch keine Lösung, da erscheint mein Sohn.

»Wie isses?«

»Eigentlich sehr gut.«

»Wieso nur eigentlich?«

»Nicht nur eigentlich, sondern wirklich.«

»Also sehr gut?«

»Ja. Uneingeschränkt ›sehr gut‹.«

»Was ist passiert?«

»Es gibt Leben im Universum.«

»Ist bekannt.«

»Ich habe schon erste Kontaktgesuche aus dem Internet erhalten.«

»Nicht dein Ernst!«

»Doch.«

»Gut. Reichst du mir die Marmelade?«

»Bitte!«

»Bitte was?«

»Reichst du mir *bitte* die Marmelade?«

»Sag ich doch.«

»Hmmm.«

»Ich treffe mich nachher mit Andi und Tom.«

»Viel Spaß. Ich muss meine Kontakte anschreiben und bin unten.«

»Viel Erfolg!«

»Werden wir sehen.«

Nach dem späten Frühstück begebe ich mich wieder an meinen Rechner. Ich beschließe, mir die Porträts und die Texte ganzheitlich anzuschauen und zu entscheiden, welche mein Interesse wecken und wer mich nicht anspricht. Dabei stelle ich mit Verwunderung fest, dass einige Partnersuchende sich anscheinend redlich Mühe geben, möglichst unattraktiv zu erscheinen, und auch wenig inspirierende Texte verfassen.

Wer sich negativ auf der Online-Plattform darstellt, sollte überprüfen, ob sich eine innere Ambivalenz zeigt. Der Kopf – die Vernunft – will einen Partner kennenlernen, da die Sehnsucht danach, nicht mehr allein zu sein, groß ist und ein Weg gefunden werden muss, sie zu stillen. Aber die Selbstsabotage zeigt das tief sitzende Gefühl der Bindungsangst. Angst, dass der zukünftige Partner nicht treu ist und uns wieder verlässt, oder Angst vor zu viel Nähe, aus welchem Grund auch immer. Manchmal spiegelt sich in der unbewusst dargestellten Unattraktivität auch das verunsicherte Selbstbewusstsein des Suchenden wider und zeigt damit, dass sie oder er sich nicht als wertvollen Menschen sieht und durch den Wunsch nach einem Partner hin- und hergerissen ist. Bemerkt man die negative Selbstdarstellung an sich selbst, sollte man seine eigene Motivation hinterfragen.

Weitere Tipps für deine Selbstdarstellung

- Warum zeigst du dich nicht von deiner positiven Seite?
- Wovor hast du Angst?
- Welches Bild über dich willst du bestätigt wissen?
- Wenn es daran liegt, dass du Angst hast: Pass auf dich auf, und schütze dich vor negativen Mails. Lass dich nicht von ihnen verletzen.
- Gehe langsam und mit Bedacht in die Kennenlernphase.
- Damit du anderen Menschen vertrauen kannst, brauchst du Zeit und viele kleine Glücksmomente.
- Vertraue zuerst dir selbst, erst dann kannst du anderen vertrauen.
- Vielleicht hilft dir der Satz »Ich bin genau richtig, wie ich bin, und darf ich selbst sein«.
- Versuche, deine Gefühle zu erkennen, zu verstehen und auszusprechen, vielleicht nimmt es dir deine Angst.

Für derart unattraktive Darstellungen habe ich keine Erklärung, jedoch liefern einige Selbstbeschreibungen Hinweise auf die seelische Verfassung der Mitglieder. Es hat für mich den Anschein, dass sich einige nur auf Wunsch oder den sanften Zwang ihres Freundeskreises für das Online-Dating entschieden haben, ohne von der Sinnhaftigkeit dieser Form des Kennenlernens bindungssuchender Partner überzeugt zu sein. Entsprechend gelangweilt schauen sie in die Fotokamera und formulieren Texte, deren Inhalt den Eindruck vermittelt, die Verfasserin habe nur irgendetwas in möglichst kurzer Zeit dahingeschrieben, ohne die Neugier eines potenziellen Partners wecken oder sich vorteilhaft präsentieren zu wollen. Oder vielleicht fällt es ihr auch einfach schwer, ihre Gedanken in Worte zu fassen. Vieles ist möglich, bleibt mir aber unverständlich.

Da gibt es geständnisartige Aussagen wie »Ich weiß eigentlich nicht, was ich hier zu suchen habe, aber meine Freunde sind der Meinung, ich wäre zu jung, um mein Dasein als Single zu fristen«. Da bin ich ja sofort Feuer und Flamme.

Smartphone-Selfies bei Schummerbeleuchtung aus dem Badezimmer schrecken mich ebenfalls ab. Eine Kandidatin gibt unumwunden zu, dass sie am Wochenende morgens sehr gern mit ihrem Partner im Bett kuschelt. Zuvor müssen aber beide das Bett verlassen, ihre Zähne putzen und dann vorab eine Tasse Kaffee trinken, um dem azetonartigen Mundgeruch infolge eines leeren Magens zuvorzukommen. Ich bin amüsiert, denn so viel ungeschminkte Wahrheit am Sonntagvormittag hatte ich nicht erwartet. Ein weiteres Mitglied hat sich aus einer höchst seltenen Perspektive fotografieren lassen: Die Kamera befindet sich im 45-Grad-Winkel seitlich über dem Kopf meines Kontaktvorschlags, sodass das asketische Gesicht nur im Halbprofil der Aufnahme gezeigt wird.

An diesen Beispielen wird die Wirkung von Fotos noch einmal verdeutlicht. Alle Menschen werden durch ihre eigenen Lebenserfahrungen beeinflusst, und deshalb lösen die Darstellungen auf den Fotos bei uns Assoziationen und Ideen aus. Der Strand oder andere Plätze in der Natur als Hintergrund vermitteln oftmals Ruhe, Entspannung und Leichtigkeit. Räume wie das Bad, die Küche oder der Keller sind eher negativ belegt. Das Schlafzimmer als Kulisse für die Aufnahmen wird meist mit sexuellen Anspielungen verbunden. Aufgrund solcher Assoziationen ist auf den Fotos nicht nur das Gesicht oder die Person entscheidend, sondern auch ganz besonders der Hintergrund dieser Aufnahmen. Dein Foto vermittelt dem Betrachter viele Informationen über dich und kann ausschlaggebend dafür sein, ob du angeschrieben wirst oder nicht.

Tipps für die Fotos

- Wie attraktiv siehst du auf dem Foto aus?
- Wie aktuell ist dein Foto?
- Welchen Eindruck erweckst du auf dem Bild?
- Was sagt das Foto über dich aus?
- Welchen Hintergrund hast du gewählt und warum?
- Wie ist die Bildqualität?

Mir wird zunehmend klar, dass das Porträt einer Kandidatin darüber entscheidet, ob ich eine Person sympathisch finde und mehr über sie in Erfahrung bringen möchte. Das Bild ist für die Intensivierung eines Kontakts entscheidend; es ist quasi die Eintrittskarte zur nächsten

Stufe des Kennenlernens. Mein Arbeitskollege hat mir wie gesagt den richtigen Tipp gegeben: zügig die eigenen Bilder entschleiern und ebenso um das Bild der Kandidatin bitten. Bei Nichtgefallen den Kontakt einstellen und weitersuchen. Für ihn als gebürtigen Kieler gilt der norddeutsche Charakterzug uneingeschränkt: hart, aber herzlich.

Offensichtlich führt das Porträt zu einer eindeutigen Sortierung: Wer ein freundliches und attraktives Gesicht zeigt, kommt eine Runde weiter und wird in die engere Wahl gezogen. Ein gleichmäßiges und symmetrisches Gesicht vermittelt unserem Unterbewusstsein den Eindruck, es mit einem gesunden Menschen zu tun zu haben, der sich mit guten Genen fortpflanzen kann. Diese genetische Prägung beeinflusst unser Unterbewusstsein auch noch im fortgeschrittenen Lebensalter, in dem ein Kinderwunsch nicht mehr besteht. Und dem kann auch ich mich nicht entziehen.

Fotos erzählen deine Geschichte

Das Profilfoto deines Kontaktpartners ist vielleicht so gut fotografiert, dass die Augen dich angesprochen haben, obwohl es nur ein Bild ist. Der Blick und der Ausdruck des Gesichts und des Körpers haben dich emotional erreicht. Ein angenehmer Blickkontakt, wenn auch über ein Foto, ist der Schlüssel zum Herzen. In den ersten Sekunden wirst du Sympathie oder Ablehnung wahrnehmen. Mit unserem Blick, unserem Ausdruck können wir flirten, unser Interesse signalisieren, verletzen, trösten und vieles mehr. Die Augen, heißt es, sind der Spiegel der Seele.

Angesichts dieser bildhaften Erkenntnis sehe ich meine Vorbereitung als richtig an. Ich kann mein Gesicht nicht attraktiver machen, als die Natur mich geschaffen hat, aber ein guter Fotograf kann auch ein durchschnittliches Gesicht vorteilhaft hervorheben und mit der richtigen Einstellung, Beleuchtung und Belichtung die Schokoladenseite meines Antlitzes zeigen. Ich betrachte die Bildhintergründe meiner Kontakte. Neben der bereits erwähnten Badezimmerumgebung sehe ich Küchenschränke mit Kücheninterieur, plüschige Wohnzimmersofas, Garderoben bei spontanen Posen im Flur sowie eine lässig an der geöffneten Autotür lehnende Dame, die offenbar gerade Eigentümerin eines neuen Fahrzeugs geworden ist. Urlaubsbilder sind ebenfalls reichlich vertreten, und da sehe ich sie wieder, die fröhliche »Selbstständige in der Werbung, 58«, die in ausgelassener Stimmung mit langer Sporthose, T-Shirt und Windjacke quer in einem Strandkorb sitzt und mit ihrer Mimik und Gestik vermittelt, dass sie in diesem ausgelassenen Augenblick die Welt umarmen möchte. Ich bin beeindruckt. Endlich ein Bild mit einer unverstellten – weil spontanen – Pose und dazu ein Lächeln, das mein Herz berührt. Ich bin fasziniert. Kein Profifoto, aber dafür eine durch und durch ehrliche Aufnahme einer attraktiven Frau, die das Wesentliche ihrer Person gekonnt herausstellt.

Kein Wunder, dieses Mitglied ist nach eigener Angabe in der Werbung tätig. Da versteht es sich von selbst, dass ausdrucksstarke Bilder die eigene Profilbeschreibung abrunden. Für mich sieht es so aus, als ob mich die »Selbstständige in der Werbung, 58« mit den gleichen Überlegungen zur »Selbstvermarktung« angelächelt hat. Wir haben 97 Übereinstimmungspunkte in unseren Profilen, wobei wir die größte Gleichheit in den Gewohnheiten aufweisen, dicht gefolgt von einer Kongruenz in der Persönlichkeit und einer etwas geringeren Deckung in den Interessen. Ich gebe zu, ich bin interessiert, diese werbeerfahrene Frau näher kennenzulernen, die mich mit den Worten »Lieben Gruß von Lotte«[2] angelächelt hat.

Nachdem du eine interessante Frau oder einen interessanten Mann in deine engere Auswahl gezogen hast und dein Interesse erwidert wird, kommt es durch das Schreiben von Nachrichten, später Telefonate oder persönliche Treffen zu einem Dialog. Ein persönliches Treffen oder der schriftliche Austausch fordert noch einmal viel Einfühlungsvermögen von jedem Beteiligten. Deine Fragen können dein Gegenüber veranlassen, etwas von sich mitzuteilen, aber auch, sich zu verschließen. Bei echtem Interesse solltest du offene Fragen stellen, zum Beispiel: Was beschäftigt dich aus deinem Berufsalltag? Welche

2 Zur Wahrung der Anonymität meiner Kontakte im Online-Dating wurden die Vornamen wie gesagt geändert.

Hobbys hast du? Welche Art von Musik hörst du gern? So hat dein Gegenüber die Möglichkeit, über den Umfang der Antwort zu entscheiden. Fragen, die einem Ausfragen und Bewerten gleichen, sind eher kontraproduktiv. Dies wären beispielsweise Fragen wie: Wo hast du heute zu Mittag gegessen? Gehst du gern schwimmen? Wo wohnst du? Das sind geschlossene Fragen, und diese lassen wenig Freiheit beim Erzählen. Sei beim Gespräch mit Freude und Spontaneität dabei, und du wirst spüren, wie du das Herz deines Kontaktpartners nach und nach eroberst. Meist bedarf es nicht vieler Worte, sondern der richtigen Fragen zur richtigen Zeit.

Ich beschließe, mit der »Selbstständigen in der Werbung«, der »kfm. Angestellten« und der »Pädagogin« intensiveren Kontakt aufzunehmen.

Bevor ich mit meinen Kontakten chatte, schreibe ich noch einmal die Unternehmensberaterin ohne Bild an. Es stört mich einfach, dass jemand auf mein Anlächeln und meine Bilder positiv reagiert, jedoch die Bilder nicht entschleiert. Sie hat inzwischen nachgefragt, warum ich auf ihre Antwort nicht reagiere. Ehrlicherweise möchte ich mich nicht mit einer Person unterhalten, die sich nicht öffnet und ihr Bild verschleiert hält.

Es fällt mir leicht, eine unbekannte Frau anzusprechen, wenn ich ihr Foto sehe. Auch wenn es sich nur um einen schriftlichen Gedankenaustausch handelt, wird die Qualität der Kommunikation intensiver, wenn man das Bild seines Gegenübers vor Augen hat. Die Unternehmensberaterin schreibt mir, dass sie erst dann ihren Schleier lüften will, wenn sie den richtigen Kommunikationspartner gefunden hat. Ich gebe ihr zu bedenken, dass sich jemand, der im Kreis der Partnersuchenden sein Porträt nicht zeigen möchte, unnötigerweise dem Verdacht aussetzt, etwas verbergen zu wollen. Damit beende ich den Kontakt.

Das eigene Porträt ist nicht mehr als eine Eintrittskarte, um mit anderen Mitgliedern in Kontakt zu treten und um auf diesem Weg den Partner oder die Partnerin zu finden, nach dem oder der sich alle Mitglieder auf die Suche begeben.

Sobald die Kommunikation mit einem Kontaktpartner etabliert ist, verliert das Bild an Bedeutung. Wie bei allen zwischenmenschlichen Begegnungen nehmen wir unser Gegenüber ganzheitlich wahr. Dazu gehören neben dem Erscheinungsbild, der Stimme, der Körpersprache und dem Geruch natürlich die Inhalte unserer Kommunikation. Internet-Dating beginnt naturgemäß mit den Aussagen über die eigene Person. Sobald das Bild entschleiert ist, bekommen die Profilaussagen eine andere Dimension, denn sie stehen in einer Beziehung zu dem Bild, das wir uns von dieser Person gemacht haben. Unsere Fantasie trifft jetzt auf die Realität, mit der wir das Porträt in Übereinstimmung bringen müssen. Mit fortschreitender Kommunikation erfahren wir mehr über unser Gegenüber, und mit dem ersten Telefonat hören wir die Stimme unseres Partners oder unserer Partnerin. So werden wir langsam an einen fremden Menschen herangeführt und lernen ihn mit jeder Kontaktaufnahme ein wenig besser kennen. Dieser Entwicklungsprozess wird unterbrochen, wenn die mit den Profiltexten erzeugten Erwartungen durch das Porträt nicht unterlegt werden, wenn also Vorstellung und Wirklichkeit nicht zusammenpassen. Das ist selbstverständlich ein beidseitiger Prozess, denn so wie ich manches Mitglied als uninteressant empfinde, obwohl wir möglicherweise eine hohe Übereinstimmung aufweisen, muss ich akzeptieren, dass Kontaktpartnerinnen mich als nicht attraktiv und uninteressant wahrnehmen!

Mich quält der Gedanke, dass meine bevorzugten Kontaktpartnerinnen sich vielleicht schon im fortgeschrittenen Stadium einer Beziehungsanbahnung befinden und mich als Randerscheinung betrachten. Wahrscheinlich war es naiv von mir anzunehmen, dass da eine Reihe von sehnsüchtigen Frauen nur darauf wartet, ihren Erlöser aus dem unfreiwillig über sie hereingebrochenen Schicksal zu finden. Attraktive Frauen dürften in dieser Partnersuchbörse nicht lange unbemerkt und – bildlich gesprochen – »unbetrachtet« bleiben. Mir wird klar, dass ich als Nächstes den Kontakt zu den drei für mich besonders interessanten Mitgliedern intensivieren muss, um mehr über sie und ihre Einstellungen zu erfahren.

Es ist inzwischen Sonntagnachmittag geworden, und ich schreibe die »kfm. Angestellte«, die »Pädagogin« und »Lotte« erneut an. Intuitiv interessiert mich »Lotte« am meisten, und ich bleibe ein wiederkehrender Betrachter ihres Strandkorbbildes. Hinzu kommt, dass sie mich angelächelt hat und die Initiative nicht von mir ausging. Ich bremse jedoch meine Erwartungshaltung, denn noch kenne ich weder alle Vornamen noch die gegenwärtige Dating-Situation der drei Damen. Verständlicherweise hält jeder in dieser Hinsicht seine Aktivitäten bedeckt. Und so ganz möchte ich auch nicht ausschließen, dass ein Mitglied im fortgeschrittenen Beziehungsaufbau in den Posteingang schaut, ob sich nicht zufällig doch noch eine bessere Alternative zur laufenden Anbahnung offenbart. Ich bin gespannt, wie sich meine Kommunikationsstränge entwickeln werden. Auf jeden Fall beschließe ich für mich, keine weiteren Aktivitäten mit anderen Mitgliedern zu beginnen oder fortzusetzen, solange ich die drei Damen nicht besser einschätzen kann.

Irgendwann wird die Frage an mich gerichtet werden, ob ich mit weiteren Frauen kommuniziere oder mich mit ihnen treffe. Das ist zwar nicht ehrenrührig, entwertet für mich aber das Interesse an meinem Gegenüber. Sobald ich herausgefunden habe, wer mich wirklich interessiert und mit wem ich mir eine Partnerschaft vorstellen kann, werde ich alle anderen Kontakte aufgeben. Ich bin alters- und einstellungsbedingt ein Analog-Dater und wahrscheinlich auch ein Romantiker, der die großen Gefühle sucht. Also möchte ich jetzt herausfinden, zu wem ich passe und wer zu mir passt.

In dieser Hinsicht unterscheiden sich die Partnersuchenden sehr. Einige sind ebenfalls eher Romantiker und möchten nur mit einer Person statt mit mehreren gleichzeitig im engeren

Kontakt sein; andere nutzen die Vielzahl an Partnervorschlägen gern aus, um eine Wahl zu haben. Dennoch ist die Gefahr groß, stets von dem Gedanken getrieben zu sein, irgendwo gebe es bestimmt einen noch besser passenden Partner. Das bewirkt, dass sich der Suchende gefühlsmäßig nicht wirklich auf einen Menschen einlässt. Einige haben dann viele persönliche Treffen, aber durch die emotionale Distanz und den Wunsch, sich jede Tür offen zu halten, kommt es zu keiner wirklichen Beziehung zu einer Person.

Du musst deine persönliche Entscheidung treffen, mit welcher Intention und als welcher Beziehungstyp du beim Online-Dating angemeldet sein willst. Bedenke, welche Art des Umgangs mit Kontaktpartnern welche Auswirkung hat. Ebenso können wir Schauspielerei nur eine kurze Zeit aufrechterhalten, dann fällt das konstruierte Gerüst zusammen. Wie sind deine Erfahrungen, und wie entscheidest du dich?

Meinen drei favorisierten Mitgliedern schreibe ich einen längeren Text. Gemeinsames Element meiner drei Ansprachen ist der Verweis auf meine neue Mitgliedschaft und der noch nicht perfektionierte Umgang mit Kontaktpartnerinnen. Ich bedanke mich für die entschleierten Bilder und gehe individuell auf die Selbstbeschreibungen und persönlichen Aussagen ein. Ich suche mir aus den Profilbeschreibungen Schlüsselwörter heraus, auf die ich mich beziehe. Mein Ziel besteht darin, eine leichte, lockere und zugleich niveauvolle Konversation zu beginnen, die meinen Kontaktpartnerinnen eine unkomplizierte Beantwortung ermöglicht. Zugleich kann ich damit zum Ausdruck bringen, dass sie mich interessieren und ich über die bisherigen Informationen hinaus gern mehr erfahren möchte. Damit meine Antworten nicht als »Verhör« interpretiert werden, stelle ich zu einigen Aussagen auch meine Sichtweise und meine Erfahrungen dar und sende zugleich Botschaften an meine Leserin.

Ich komme mir vor wie in einer Zeitungsredaktion, in der die Journalisten die Kernbotschaften ihrer Texte komprimieren müssen, um eine vorgegebene Zeichenzahl nicht zu überschreiten. Jeder Satz will gut überlegt sein. Füllwörter müssen wieder entfernt werden. Sätze müssen umgestellt und umgebaut werden, um einen roten Faden zu bekommen und um mit einem überschaubaren Text die bestmögliche Wirkung zu erzeugen. Ich versende meine Nachrichten.

Ein roter Punkt zeigt mir an, dass eine weitere Nachricht für mich eingetroffen ist. Es meldet sich die Germanistin, und da sie ihre Bilder entschleiert hat, sehe ich eine wiederum unvorteilhaft fotografierte Frau mit einem ausdrucksstarken Gesicht. Sie schreibt mir, dass sie über meine Selbstironie herzlich lachen konnte und die Umschreibungen meiner Gefühlslage inspirierend findet. Nach ihren Worten bin ich endlich einmal ein Mann, der sich differenziert und sprachlich gewandt auszudrücken weiß. Ich bin hin- und hergerissen, bleibe jedoch bei meiner Entscheidung, nur die drei Kontakte aktiv anzusprechen und alle anderen zunächst außen vor zu lassen.

Trotz des wunderbar geschriebenen Briefes und ihrer Komplimente teile ich der Germanistin mit, dass ich bereits mit anderen Mitgliedern in Verbindung stehe und gegenwärtig keine weiteren Kontakte vertiefen möchte. Ich schreibe ihr zurück, dass ich sie gern auf meinem »Radarschirm« behalten würde, und frage, ob sie das als Zurückweisung empfinden würde. Zu meiner Überraschung willigt sie ein und zeigt Verständnis für meine Reaktion. Aus ihrer Antwort kann ich zwischen den Zeilen lesen, dass sie traurig ist, bislang keinen passenden Partner gefunden zu haben. Dies wiederum veranlasst mich zu einer längeren Antwort. Ich schreibe ihr, dass meiner Meinung nach ein Aufgeben in Sachen Liebe und Geborgenheit keine Option sei. Der Preis sei einfach zu hoch. Wir Partnersuchenden müssten schon an den Erfolg glauben und etwas dafür tun. In meinem Fall hat ein Zufall verhindert, dass ich die Germanistin rechtzeitig wahrgenommen habe, und vielleicht war es einfach auch nur ein Zufall, dass ich das Porträt von Lotte als so ansprechend empfunden habe. Mit anderen Worten: Nicht alles ist planbar. So wie der Zufall die Germanistin auf meinen vierten Platz gesetzt hat, mag sie bei einem anderen Mitglied ebenso zufällig auf dem ersten Platz stehen. Das gilt natürlich auch umgekehrt, denn als Partnersuchender bin ich genauso besorgt darüber, auf welchem Platz ich bei meinen drei schriftlichen Kontakten stehe.

Ich selbst habe mich auf eine lange Wegstrecke eingerichtet und bin bereit, auch Rückschläge und Enttäuschungen einzustecken, wenn sie mich treffen sollten. Ich bin zu diesem Zeitpunkt zutiefst davon überzeugt, dass eine realistische Chance besteht, im Verlauf der einjährigen Mitgliedschaft eine neue Partnerin zu finden. Wie sehr ich mich mit diesem Zeithorizont irren würde, war mir an diesem Sonntagnachmittag natürlich noch nicht bewusst.

Zwei Posteingänge verraten mir die Namen der »kfm. Angestellten« und der »Pädagogin«. Die »kfm. Angestellte« heißt Alexandra und die »Pädagogin« Sabine. Beide freuen sich über meine Zuschrift und möchten gern den Kontakt mit mir fortsetzen. Entspannt lehne ich mich zurück. Nach meiner Anmeldung, der Sichtung der Kontakte und den ersten Kontaktaufnahmen meinerseits sowie den Kontaktaufnahmen der mich anlächelnden Frauen bin ich in nur 48 Stunden mit Alexandra, Lotte und Sabine im schriftlichen Austausch und habe das Gefühl, dass diese Frauen ein aufrichtiges Interesse an mir bekunden. Hier und heute bin ich jetzt in der Ausdrucksweise meines siebzehnjährigen Partnerschaftsexperten »mit drei Frauen am Start«, und das ist für mich schon eine Herausforderung.

Keine der drei Damen hat zu erkennen gegeben, ob sie aktuell mit anderen Mitgliedern im Stadium des Kennenlernens steht, eine Beobachtung, die ich sofort registriere. Ich bin erleichtert, denn damit muss ich ebenfalls keine Aussage über die Anzahl meiner parallel verlaufenden Gespräche geben. Alexandra, Lotte und Sabine erwecken dabei nicht den Eindruck, als ob sie lange im Internet-Dating auf ihren Lebenspartner warten müssten. Ich muss mich also beeilen.

Gibt es auch im Internet-Dating so etwas wie ein »Window of Opportunity«, ein Zeitfenster, in dem man zusammenkommen muss, bevor die Chancen schwinden? Der Zeitpunkt einer Kontaktaufnahme unterliegt dem Zufall. Ich kann also einfach Pech haben und wähle drei Kontakte aus, die bereits auf ein anderes Mitglied fokussiert und möglicherweise fest entschlossen sind, mit diesem Mann eine Beziehung einzugehen. Da müsste ich schon sehr überzeugend wirken, um noch einen Richtungsschwenk herbeiführen zu können. Ich verwerfe diesen Gedanken wieder. Das Zeitfenster einer intensiveren Kontaktaufnahme sehe ich jedoch als wichtig an. Wenn ich jetzt Tempo herausnehme, könnten die drei Mitglieder meiner Wahl auf falsche Gedanken kommen.

Bedauerlicherweise muss ich am Montag eine Dienstreise nach Washington antreten und lande durch die Zeitverschiebung erst gegen Mitternacht deutscher Zeit. Zu spät, um am Montagabend noch zu kommunizieren. Hoffentlich kann ich Alexandra, Lotte und Sabine davon überzeugen, dass dies keine Hochstapelei ist, sondern zu meinem Beruf dazugehört. Ich informiere die drei Damen über meine Dienstreise zu einer Konferenz in Washington und meine zeitversetzte Kommunikation. Ich füge hinzu, dass ich über den Internetzugang meines Smartphones auch weiterhin ansprechbar bin, jedoch nicht am Montag und nur begrenzt am Freitag, da ich mich nach dem Nachtflug um meinen Sohn kümmern möchte.

Der Sonntagabend naht. Mein Sohn steckt den Kopf durch die Tür meines Arbeitszimmers und lässt keinen Zweifel aufkommen, dass er wie an jedem Männer-Sonntagabend den Pizza-Lieferservice anrufen möchte. Die Frage, ob ich auch eine Pizza will, ist eigentlich nur rhetorisch zu sehen, denn natürlich ist ihm bewusst, dass mich eine Pizza gewichtsmäßig wieder zurückwerfen würde, was ich auf gar keinen Fall zulassen kann.

Wir nutzen dennoch die Gelegenheit zu einem gemeinsamen Abendessen, gefolgt von einem Fernsehabend mit der Entscheidungsfindung, ob der Krimi im Ersten, das Herzkino im Zweiten oder ein Film aus der Mediathek angeschaut wird. Heute bin ich der Entscheider und wähle das Herzkino. Es erscheint mir der richtige Abschluss für einen erfolgreichen Sonntag zu sein.

Zeit zum Nachdenken

Montag, 24. Oktober

Am Abfluggate ist Zeit genug, um noch einmal meine Dating-Plattform mit dem Smartphone zu betreten.

Gerade eingewählt, lese ich zu meiner Freude die Nachricht von Lotte, die mir ihre Mobiltelefonnummer übermittelt hat. Sie ist zudem bei WhatsApp registriert. Ich schlage ihr vor, dass wir Kurznachrichten über WhatsApp austauschen. Eine Antwort erwarte ich natürlich nicht, denn montags um 10.30 Uhr dürften sich nahezu alle Mitglieder an ihrem Arbeitsplatz befinden. In gleicher Weise schreibe ich auch Alexandra und Sabine an. Weiterhin frage ich Lotte kurz, ob wir am kommenden Samstagnachmittag miteinander telefonieren wollen. Neue Kontaktvorschläge haben sich nicht für mich ergeben, worüber ich nicht wirklich enttäuscht bin.

Vor dem Boarding gehe ich noch einmal meine Partnervorschläge durch und verweile kurz beim Profil einer Chemikerin. »Wieder so ein Zufall«, denke ich. Ich beginne, die Berufe meiner Partnervorschläge einmal genauer zu betrachten, und unterteile sie in mehrere Gruppen: Als Kaufmann fange ich mit den betriebswirtschaftlichen Berufen von Marketing über Rechnungswesen, Buchhaltung bis zur Steuerberatung an. Anschließend bündele ich die pädagogischen und sozialen Berufe in einer weiteren Gruppe: Im pädagogischen Bereich finde ich Realschullehrerinnen, Gymnasiallehrerinnen, die Germanistin und die Pädagogin Sabine. Im sozialen Bereich bestehen Übereinstimmungen mit einer Sozialpädagogin und einigen Erzieherinnen. Im Gesundheitsbereich finden sich zwei Ärztinnen, eine Apothekenhelferin und zwei Krankenschwestern. Die naturwissenschaftlichen Berufe repräsentieren zwei Ingenieurinnen, zwei Mathematikerinnen (die auch Lehrerinnen sein könnten), eine Physikerin und die soeben angeschaute Chemikerin. Der Bereich Kunst und Werbung wird von nur zwei Mitgliedern vertreten. Neben Lotte ist da noch die umzugsbereite Künstlerin.

Ich stelle mit einem gewissen Erstaunen fest, dass sich unter den aktuell 144 Kontaktvorschlägen keine Juristin befindet. Zahlenmäßig führen die Betriebswirtschaftlerinnen vor den pädagogischen und sozialen Berufen. Offenkundig beeinflusst die Berufswahl doch die Persönlichkeit oder umgekehrt. Ich gebe gern zu, dass mich der hohe Anteil an pädagogischen und sozialen Berufen ebenfalls berührt, denn meine verstorbene Frau hatte in diesem Bereich ihr Studium abgeschlossen und auch darin gearbeitet. Meine Schlussfolgerung: Wir folgen unserem inneren Kompass, und unsere Lebensweise und unsere Berufswahl prägen uns. Unter diesen Prämissen finde ich es schon erstaunlich, dass es Lotte gegen die zahlenmäßig weit überlegene Konkurrenz aus den meinem Berufsbild nahestehenden Berufsgruppen in die Poleposition meiner Auswahlentscheidung geschafft hat. Sorgfältig lese ich noch einmal ihre Profilangaben. Sie scheint nicht allzu weit von mir entfernt zu wohnen, denn ihr Profil enthält den Hinweis einer Wohnentfernung von weniger als 25 Kilometern zu meiner Postleitzahl. Ich bin gespannt, ob wir am Wochenende miteinander telefonieren werden.

Zunächst entfernen wir uns aber auf eine Distanz von mehr als 8000 Kilometern, und ich nehme in der Boeing 747 Platz, die mich in neun Stunden zu meinem heutigen Reiseziel bringen wird. Ich schalte mein Mobiltelefon in den Flugmodus und bin jetzt erst einmal weg.

Die Bindungspyramide

Hier wird es verdeutlicht, von welchen sieben Phasen das Kennenlernen im Internet geprägt ist. Nimm dir Zeit, alle diese Phasen Schritt für Schritt zu gehen und deine Erfahrungen damit zu reflektieren. Wenn du nicht nur einen Flirtpartner kennenlernen möchtest, sondern dir eine verlässliche, anhaltende und aufrichtige neue Beziehung wünschst, brauchst du Zeit, Vorbereitung und Interesse an anderen Menschen, aber auch die Fähigkeit, deinen Partner deinen Bedürfnissen entsprechend auszuwählen. Die Bindungspyramide kann dir durch die Visualisierung deine einzelnen Schritte veranschaulichen.

Die im Folgenden beschriebenen einzelnen Phasen der Bindungspyramide können Tage, Wochen und manchmal Monate oder Jahre anhalten. Denn du wirst Erfahrungen sammeln, Ereignisse und Interaktionen mit Kontaktpartnern erleben und dich besser kennenlernen. Nimm dir die Zeit, die sich für dich richtig anfühlt oder zu deinem jetzigen Leben passt.

Phase 1: Selbstreflexion

Du nimmst dir Zeit für dich und bereitest dich gedanklich auf die Online-Dating-Anmeldung vor. Einige hilfreiche Fragen haben wir im Kapitel »Persönliche Angaben« beschrieben. Deine Notizen dazu können dir nun Klarheit verschaffen. Du hast dich von deiner positiven Seite fotografieren lassen?

Phase 2: Anmeldung Online-Dating

Du beschreibst die Eigenschaften deines Wunschpartners und formulierst einen passenden »Werbetext«, der dir entspricht und eine positive Aussage enthält. Du stellst ein vorteilhaftes Foto ein.

© Gundula Göbel

Phase 3: Kontaktprofile sichten

Dir wird eine Anzahl an Kontaktprofilen zugeschickt, und es entstehen Gefühle von Vorfreude oder Hoffnung, Aufregung und Herzklopfen, aber auch von Angst, Neugier oder Selbstzweifeln. Du agierst auf der Plattform. Vielleicht veränderst oder ergänzt du noch dein Profil.

Phase 4: Entscheidung

Welche Kontaktpartner willst du im realen Leben treffen? Wie, wann und wo? Bedeutet für dich eine Entscheidung für den einen Kontakt auch eine Entscheidung gegen einen anderen beziehungsweise zumindest einen Aufschub?

Phase 5: Kennenlernphase

Dazu gehören Gespräche am Telefon, Nachrichten über Social-Media-Kanäle, Briefe, Karten, persönliche Begegnungen. Diese Phase kann sehr lang sein, oder es kann auch nur ein einziges Treffen geben. Es ist eine Zeit voller Gefühle und Entscheidungen. Beim persönlichen Treffen bestimmen oft Sekunden über unsere Entscheidung, ob wir den anderen näher kennenlernen möchten oder nicht. Hier können der Händedruck, die Stimme oder der Humor des anderen vielleicht für einen positiven Eindruck sorgen, sein Geruch jedoch dafür, dass ich ihn »einfach nicht riechen« kann oder aber mich hingezogen fühle.

Phase 6: Verliebtheit

Es folgt die Zeit der »Schmetterlinge im Bauch«. Du denkst ständig an den anderen, willst am liebsten immer mit ihm zusammen sein, bist voller Vorfreude und Glücksgefühle. Aus der anfänglichen Unsicherheit wird immer mehr eine enge Vertrautheit und gegenseitige Verbundenheit.

Phase 7: Partnerschaft

Nun wird die Partnerschaft mit Liebe gelebt, genossen, gestärkt, aktiviert. Partnerschaft braucht immer wieder emotionale Nahrung und gemeinsame, verlässliche Zeit.

Du siehst, jede Phase baut auf die andere auf wie Stufen einer Treppe, und es ist sehr sinnvoll, wirklich jeder zu folgen. Denn beim Überspringen ist das Risiko des Fallens hoch. Je jünger du bist, desto mehr Stufen kannst du eventuell auf einmal nehmen, je älter du bist, desto weniger. Manchmal ist es auch – unabhängig von deinem Alter – passend, auf einer Stufe eine Pause einzulegen oder eine oder mehrere zurückzugehen.

Der Flug über den Nordatlantik verläuft ohne störende Turbulenzen. Im Bordkino finde ich die Romanze »Larry Crowne« aus dem Genre »Herzkino« mit Tom Hanks und Julia Roberts, die natürlich ein Happy End nimmt. Ich frage mich, was mich nach meiner Rückkehr aus den USA am Ende dieser Woche erwartet. Die Ausdrucksstärke eines erfahrenen Schauspielers wie Tom Hanks besitze ich selbstverständlich nicht. Aber ein wenig fühle ich mich mit dem von ihm dargestellten Protagonisten verbunden, der sich im Bordkino seinem Schicksal entgegenstellt – so wie ich.

Ich suche unverändert nach einem Erklärungsansatz dafür, warum mich das Bild von Lotte dermaßen fasziniert. Verwechsle ich inzwischen Wunsch und Wirklichkeit? Fange ich an, mir Dinge auszumalen, die nur das Produkt meiner Vorstellungen sind? Interpretiere ich zu viel in ein freundliches Strandkorbfoto und eine Profilbeschreibung, von der ich nicht einmal weiß, ob sie zutreffend und authentisch ist? Ich denke darüber nach und beschließe, meine Partnersuche ergebnisoffen fortzusetzen. Auf herbe Enttäuschungen kann ich verzichten – so wie alle Mitglieder im Internet-Dating.

Ich entscheide mich gegen einen weiteren Film aus dem Unterhaltungsprogramm und denke stattdessen noch einmal über das Geschäftsmodell des Online-Datings nach. Habe ich etwas übersehen? Entsprechen die Mitglieder einem repräsentativen Querschnitt unserer Bevölkerung? Habe ich den richtigen Anbieter gewählt? Meine Gedanken wenden sich einem anderen Thema zu: Welches mathematische Modell liegt dem Online-Dating zugrunde? Wer eine millionenstarke Mitgliederschaft verwaltet und für jeden neuen Partnersuchenden einmalig den Mitgliederbestand auf Kompatibilität durchsuchen muss, um daran anschließend während der Mitgliedschaft auch noch alle Neuzugänge auf Übereinstimmung mit den bereits Angemeldeten zu vergleichen, braucht dafür nicht nur ein großes Rechenzentrum, sondern auch einen sinnhaften Algorithmus, der diesen Mitgliederbestand optimal verwaltet.

Meiner Auffassung nach handelt es sich beim Online-Dating um ein Modell der linearen Optimierung, in dem die Zielfunktion »Finde meinen Partner oder meine Partnerin« durch diverse Nebenbedingungen weiter gestaltet wird. Die wesentliche Nebenbedingung ergibt sich aus der Postleitzahl des Mitglieds und dem dazu gewählten Suchradius. Damit wird die Suche systemseitig auf die Postleitzahlgebiete eingeschränkt, die sich im Entfernungsradius zu meinem Postleitzahlgebiet befinden. Da sich jedes Mitglied mit seiner Adresse angemeldet hat, ergibt sich daraus die noch unsortierte Anzahl der Mitglieder des gesuchten Geschlechts. Wie bereits ausgeführt, wird die Suchmaschine dieser Mitgliederauswahl mein Profil gegenüberstellen, und nur diejenigen Mitglieder, deren Suchkriterien ich erfülle, werden nachfolgend auf die von mir vorgegebenen Suchkriterien wie Körpergröße und Lebensalter geprüft. In die engere Auswahl werden nur die Mitglieder übernommen, die mit meinen Angaben übereinstimmen und deren Suchkriterien ich erfülle. Das gilt vermutlich auch für die Schlafgewohnheiten, den Kinderwunsch und die Zuordnung zum Raucher oder Nichtraucher.

Die so verbleibende Zahl an Mitgliedern wird anschließend auf die Übereinstimmung in den Lebensgewohnheiten, Charaktereigenschaften und Ansichten geprüft. Dazu wird jeder Auswahlantwort eine Ziffer zugewiesen, und der Algorithmus prüft, ob die Ziffern exakt übereinstimmen oder zumindest nur eine geringe Abweichung aufweisen. So findet sich in den Anmeldefragen zu den Lebensgewohnheiten und Einstellungen auch die Frage, welche Bedeutung der sexuellen Aktivität in der Partnerschaft beigemessen wird. Wie bei Auswahlfragen üblich, gibt es Antwortoptionen, die von »unwichtig« bis zu »sehr wichtig« reichen. Erhält die Antwort »unwichtig« den Wert 1 und die Antwort »sehr wichtig« den Wert 4, würde die ideale Übereinstimmung darin bestehen, wenn beide Partner diese Frage gleich beantwortet haben und die Ziffern übereinstimmen. Möglicherweise würde der Algorithmus bei einer solchen Frage auch noch eine Abweichung um eine Ziffer zulassen, wenn also ein Mitglied diese Frage beispielsweise mit dem Wert 4 und das andere Mitglied mit dem Wert 3 beantwortet hat. In dem Fall ist die Übereinstimmung nicht vollständig, aber immer noch erkennbar gegeben.

Wie die Suchmaschine daraus die Übereinstimmungspunktzahl berechnet, kann ich natürlich nur vermuten. Möglichweise werden bei voller Übereinstimmung 2 Punkte vergeben und bei reduzierter Übereinstimmung nur 1 Punkt. Aus der Summe der Einzelwerte ergeben sich bei meinem Anbieter die Matchingpoints, die mir für jeden Kontaktvorschlag angezeigt werden, verbunden mit den drei horizontalen Balken, die mir den Grad der Übereinstimmung in den Gewohnheiten, Einstellungen und Vorlieben grafisch zeigen.

Lotte und ich besitzen wechselseitig 97 Matchingpoints. Unter allen Kontaktvorschlägen liegt meine Übereinstimmung mit einer Partnersuchenden zwischen 122 und 85 Punkten. In der Produktbeschreibung des Anbieters findet sich der Hinweis, dass ein hoher Übereinstimmungswert noch kein hinreichendes Kriterium für die harmonische Beziehung zweier Menschen darstellt. Das hilft mir nicht weiter, denn der Anbieter schweigt sich beharrlich darüber aus, bis zu welcher Untergrenze an Matchingpoints zwei Mitglieder gegenseitig vorgestellt werden und welche maximale Deckung überhaupt erreicht werden kann. Mein Übereinstimmungswert mit Juristinnen liegt wahrscheinlich unter 50 und deren Erwartungswert für eine Partnerschaft bei 125 Punkten aufwärts. Deshalb werden wir vermutlich auch nie im Online-Dating zusammenfinden.

Das Modell der linearen Optimierung findet in einem vorgegebenen Lösungsraum die »optimale« Lösung unter den gegebenen Rahmenbedingungen. Je enger der Lösungsraum ist, desto geringer sind die Auswahlmöglichkeiten. Es wird also stets eine gute Lösung gefunden, aber nicht die bestmögliche. Um einen qualitativ höheren Lösungswert zu erreichen, müsste der Lösungsraum möglichst breit angelegt sein. Wäre die erreichte Zahl der Matchingpoints ein Kriterium für das Zustandekommen einer Partnerschaft, läge mein optimaler Wert bei 122, und das Mittelfeld meiner Kontakte läge zwischen 95 und 115. Würde ich meinen Suchradius auf 200 Kilometer erweitern, fänden sich darin vermutlich auch mehr Frauen mit einem hohen Übereinstimmungswert in den Matchingpoints. So könnte mein optimaler Wert dann zum Beispiel bei 130 liegen und das Mittelfeld bei 100 bis 125. Das ist natürlich nur eine theoretische Annahme.

Wenn ich das mathematische Modell weiter ausmale, dann müsste die Anzahl der Profilübereinstimmung zunehmen, je stärker sich beide Partner »mainstreamartig« verhalten. Es gibt eben mehr Menschen, die gern ins Kino gehen, als solche, die ein klassisches Konzert bevorzugen. Bildlich ausgedrückt, stellt mein mathematischer Lösungsraum mein »Fanggebiet« dar, und darin finden sich dann je nach Größe mehr oder weniger Fische. Aber auch ein kleines »Revier« kann erfolgversprechend sein, wenn darin einige tolle Fische schwimmen. Es gibt also keine Ideallösung. Hat man seinen Lösungsraum zu sehr eingeengt, sodass so gut wie keine Partnervorschläge darin enthalten sind, helfen nur zwei Maßnahmen: entweder das Suchgebiet vergrößern und den Profilrahmen unverändert belassen oder bei gleichem Suchgebiet die Bandbreite durch Vergrößerung der Alters- und der Körpergrößenspanne verbreitern. Insgesamt, denke ich, habe ich hier aber einen guten Mittelweg gefunden.

Wir fliegen westlich an New York vorbei. In der Nachmittagssonne sehe ich in einiger Entfernung die Wolkenkratzer Manhattans. Ich denke an das Bild von Lotte im Strandkorb und an den freundlichen Text der Germanistin. Jedes Mitglied verfügt eben über unterschiedliche Begabungen und beschreitet unterschiedliche Wege, um sich vorteilhaft der Dating-Community zu präsentieren. Es sieht für meine »Bewerbung« so aus, als ob ich intuitiv vieles richtig gemacht habe und das Glück auf meiner Seite ist.

Wichtig war die Selbstreflexion über meine Stärken und Schwächen! Was im Beruf richtig ist, muss ja im privaten Leben nicht verkehrt sein. In jedem Fall ist es sinnvoll, die eigenen Grenzen zu kennen, sich die eigenen Schwächen ehrlich einzugestehen und darüber nachzudenken, wie man seine Stärken vorteilhaft nutzt und im Online-Dating einsetzt. Natürlich muss man nicht gleich die eigenen Defizite kundtun, zumal am Beginn einer Kommunikation noch völlig offen ist, ob sich aus den ersten Mails ein weitergehender Gedankenaustausch ergibt.

Mein Flugzeug geht in den Landeanflug über, und auch meine Gedanken befinden sich im Sinkflug. Es wartet nach der Landung noch eine 45-minütige Taxifahrt ins Zentrum von Washington auf mich, wo in der Nähe des Kongresszentrums mein Hotel liegt. Dort angekommen, sinke ich ins Bett und falle sogleich in einen traumlosen Schlaf.

Falls du beim Lesen bemerkt hast, dass du dir keine Zeit zur Selbstreflexion genommen hast, dann geh noch einmal zurück zu den Fragen im Kapitel »Persönliche Angaben«, und nimm dir jetzt eine Auszeit. Denn nur wenn du dich aktiv mit deinen eigenen Bedürfnissen, Wünschen und Erwartungen an einen neuen Partner sowie deinen persönlichen Stärken und Schwächen beschäftigt hast, wirst du dich auf der Plattform gut darstellen können.

Die Kontaktprofile, die du zu sehen bekommst, wirst du beurteilen, so wie dein Online-Vis-à-vis deinen Text und dein Bild beurteilt. Bedenke, dass auch du häufig von wenigen Eindrücken oder Informationen auf die Person in ihrer Ganzheit schließt. Dieses Phänomen ist menschlich, es wird als »Halo-Effekt« bezeichnet. Wir nehmen einzelne Merkmale bei unserem Gegenüber wahr und schließen daraus auf weitere Eigenschaften dieser Person. Du kannst objektiver beurteilen, wenn du ganz konkret bei deinen Beobachtungen bleibst und jede Eigenschaft für sich betrachtest. Verliere dich nicht in Vermutungen, sondern halte dich an die beobachteten Fakten. Bleib neugierig, und sei offen für deine Kontakte, denn oftmals ist eine Person anders, als du es aufgrund einer Information oder einer Eigenschaft erwartet hast.

Es gibt nicht immer die Liebe oder Verbundenheit auf den ersten Blick. Meist ist die Liebe auf den zweiten oder dritten Blick viel realistischer. Es lohnt sich auf jeden Fall, einen Menschen erst besser kennenzulernen, bevor wir uns ein abschließendes Urteil erlauben. Die inneren Werte wie Ehrlichkeit, Treue, Humor, Zuverlässigkeit und die Fähigkeit des Zuhörens sehen wir nicht auf einem Foto, auch erfahren wir sie oftmals nicht beim ersten Treffen.

»Urteile nie über einen Menschen, bevor du nicht einen Mond lang in seinen Mokassins gelaufen bist«, heißt eine Weisheit der nordamerikanischen Ureinwohner.

Dienstag, 25. Oktober

Es ist 2.30 Uhr in Washington. Mein Blick aus dem Fenster zeigt eine menschenleere Connecticut Avenue im Licht der Straßenlaternen. Ich kann nicht mehr schlafen, da mein Biorhythmus immer noch auf mitteleuropäische Zeit eingestellt ist, schiebe mir einige Kissen zurecht und schalte meinen Laptop ein. Auf mich warten die E-Mails des vergangenen Tages. Ich nehme mein Smartphone von der Ablage und stelle fest, dass ich auch neue WhatsApp-Nachrichten erhalten habe. Zunächst lese ich die Zeilen meines Sohnes. Er fragt nach, ob mein Flug planmäßig verlaufen und ich gut in »DC« angekommen sei.

Zu meiner Überraschung habe ich auch eine WhatsApp-Nachricht von Lotte erhalten. Sie wünscht mir einen guten Morgen und einen leichten Tag. Wie nett von ihr! Wahrscheinlich befindet sie sich gerade auf dem Weg zur Arbeit, denn in Deutschland ist es ja schon 8.30 Uhr. Ich lege mein Smartphone wieder zur Seite und verbringe zwei Stunden mit der Beantwortung meiner Mails. Inzwischen erreichen mich auch schon die ersten Büro-E-Mails des neuen Tags in Deutschland.

Da meine Kollegin und mein Kollege in unterschiedlichen Hotels logieren, haben wir uns zum Frühstück in einem Coffeeshop unweit des Konferenzzentrums verabredet. Danach werden wir den Tag in einem fensterlosen Bankettsaal mit etwa 250 Teilnehmern verbringen, uns zahlreiche Vorträge anhören und in den Pausen viele

Fachkollegen treffen. Also werde ich vielleicht nicht allzu viel Muße für die Kommunikation mit meinen Kontaktpartnerinnen haben. Jetzt aber ist noch Zeit: Ich bedanke mich auf WhatsApp bei Lotte für ihre freundliche Nachricht und wünsche ihr ebenfalls einen schönen Tag.

Draußen ist es für Oktober noch angenehm warm. Die Morgensonne scheint, und ich überlege, wie ich die kollektive Mittagspause in der Konferenz zu einem Gang an die frische Luft nutzen kann, um meinem Körper die Anpassung an die Ostküstenzeit zu erleichtern. Ich betrete den Coffeeshop und finde meine Kollegen bereits am Tresen mit der Bestellung beschäftigt. Nach dem Frühstück gehen wir zu Fuß zum Konferenzgebäude, verlaufen uns erst einmal in den weitläufigen Foyers und müssen nach dem Weg zu unserer Konferenz fragen.

Endlich finden wir den richtigen Ort. Meine beiden Kollegen und ich entscheiden uns für Sitzplätze in den hinteren Reihen. Der riesige Bankettsaal ist mit Tischen und Stühlen mit Blick auf das Konferenzpodium ausgestattet worden, sodass alle Teilnehmer mit ihren Laptops arbeiten und zugleich das Geschehen auf dem Podium verfolgen können. Hinter uns befinden sich nur unbelegte Sitzreihen. So können wir untereinander leise plauschen, und ich kann mich meinem Smartphone zuwenden, ohne unangenehm aufzufallen. Irgendwie fühle ich mich wieder wie ein Schüler, der seine Hausaufgaben nicht gemacht hat und darauf hofft, die Stunde auf den hinteren Sitzplätzen möglichst unbehelligt zu überstehen.

Die Neugier ist stark, und so rufe ich die erste an mich adressierte Nachricht auf. Die Chemikerin hat mich angeschrieben. Ich hatte registriert, dass sie mich angelächelt und ihre Bilder entschleiert hat. Im Hinblick auf meine selbstgewählte Kommunikationsbeschränkung habe ich ihr bislang noch nicht geantwortet. Sie kennt die Möglichkeiten der Kommunikationsplattform anscheinend deutlich besser als ich, und so werde ich zum ersten Mal von einer Kontaktpartnerin gescholten. Sie beschwert sich in deutlicher Sprache über meine Passivität. Konkret wirft sie mir vor, mehrfach ihr Profil betrachtet zu haben, ohne mich bei ihr zu melden und auf ihr Lächeln zu reagieren. Ich bin irritiert und ärgere mich über meine Naivität, den Abfragemöglichkeiten der Plattform zu wenig Augenmerk gewidmet zu haben, denn mir war nicht bekannt, dass die Software über Auswerteoptionen verfügt, mit denen ich erkennen kann, wer sich wann und wie häufig mein Profil angeschaut hat. Eigentlich interessiert mich diese Funktion nicht, denn mittlerweile verfüge ich über zwanzig aktive Kontakte in Form von entschleierten Bildern, gegenseitigem Anlächeln, aktiver Ansprache und wechselseitiger Kommunikation, auch wenn ich dies jetzt auf drei Kontakte eingegrenzt habe. Jedenfalls habe ich die Chemikerin unbeabsichtigt auf mich aufmerksam gemacht, aber ihre Kontaktofferte nicht beantwortet. Diese widersprüchlichen Signale hatte ich natürlich nicht beabsichtigt (obwohl ich ihr bewusst nicht antwortete), weil ich wie gesagt davon ausgegangen war, dass meine Betrachtungen ihres Profils unerkannt blieben.

Jetzt bin ich enttarnt, und die Chemikerin belegt mich mit bösen Worten: Mein Verhalten sei unmöglich und würde die ehrlichen Absichten partnersuchender Mitglieder entwerten. Ich werde in die Nähe eines Spanners gerückt, der sich im Angesicht partnersuchender Frauen an deren Schicksal ergötzt. Ich schließe daraus, dass sie offenbar schon einige Misserfolge erlebt hat und nun ihr Geduldsfaden durch meine »grußlosen« Betrachtungen ihres Profils gerissen ist.

Diese Dame ist offensichtlich mit Vorsicht zu genießen. Als höflicher Mensch beantworte ich ihre Vorwürfe und gebe unumwunden zu, ihr Profil betrachtet zu haben. Ich teile ihr mit, dass ich im Augenblick mit einigen anderen Frauen chatte und es ihr gegenüber als unfair empfunden hätte, zum jetzigen Zeitpunkt eine weitere Kommunikation zu beginnen. Darüber hinaus räume ich ein, dass ich mit meinem Smartphone nicht alle Funktionen der Plattform beherrsche, und sage ihr verbindlich zu, nach meiner Rückkehr in Deutschland als erste Handlung meine Bilder zu entschleiern, um ihr zu zeigen, dass ich nichts zu verbergen habe und erst recht nicht der Mensch bin, für den sie mich in ihrer Verärgerung anscheinend hält. Da ich jetzt richtig in Fahrt komme, schreibe ich ihr auch noch, dass in unserem Rechtssystem die Unschuldsvermutung gilt und sie doch bitte in Betracht ziehen möge, dass ein Neumitglied innerhalb der ersten Woche noch nicht alle

Funktionen der Plattform perfekt beherrsche und wie in meinem Fall mit der Bedienung über ein Smartphone möglicherweise überfordert sei.

Natürlich kann sie nicht erkennen, dass ich mich in den USA aufhalte, und so bitte ich sie bis zum Samstagabend um ihre Geduld, der frühestmögliche Zeitpunkt, zu dem ich das Versäumte nachholen könne. Ich unterschreibe die Nachricht nicht mit meiner Mitgliedsnummer, sondern mit meinem Vornamen, wie ich es bei allen anderen Kontakten auch gehalten habe. Die Chemikerin interessiert mich nach diesem Auftakt nicht, doch bin ich auf ihre Reaktion gespannt.

Kurze Zeit später und nach einigen Versuchen kann ich auch mit dem Smartphone meine Bilder entschleiern. Doch wenn ich die Chemikerin jetzt erneut anfunke und ihr meine Bilder zugänglich mache, hält sie mich wohl erst recht für jemanden, der es mit der Wahrheit nicht sonderlich genau nimmt. Ich beschließe, nichts zu unternehmen und die Bilder wie zugesagt erst nach meiner Rückkehr zu entschleiern. Jetzt widme ich mich erst einmal der Konferenz.

Das Beispiel zeigt, wie hochsensibel und verletzt einzelne Frauen und Männer auf der Online-Plattform reagieren können. Welches Männerbild wurde hier gespeichert, und welche negativen Erfahrungen hat diese Frau hinter sich, um auf Anhieb schlechte Absichten zu unterstellen? Sicher hat sie ihren Grund, aber sie verschließt sich damit der Chance, andere

Männer mit guten und aufrichtigen Absichten kennenzulernen. Wie schade!

Auf der anderen Seite sollten Männer und Frauen sehr genau darauf achten, welche Botschaften sie mit dem häufigen Betrachten von Fotos senden oder welche Formulierungen sie wählen, um Missverständnisse zu vermeiden. Ganz auszuschließen sind diese allerdings auch bei den besten Absichten nicht.

Grundsätzlich solltest du dich in einem Online-Chat vorsichtig bewegen, weil dein Verhalten anders interpretiert werden kann, als du es beabsichtigt hast.

Die Mittagspause nähert sich. Ich rufe meine WhatsApp-Chats auf und schreibe Lotte eine Nachricht, dass ich gut in Washington angekommen sei. Ich wünsche ihr einen schönen Feierabend und lasse durchblicken, dass ich eigentlich ganz gern mit ihr chatten würde.

Das Mittagsbuffet lasse ich ausfallen und gehe stattdessen ein wenig an die frische Luft.

Zurück im Konferenzraum, erwartet mich eine Nachricht von Alexandra, der »kfm. Angestellten«. Ich hatte ihr geschrieben, dass ich im Umgang mit anderen Partnersuchenden noch recht unerfahren sei, und sie um Geduld mit mir gebeten, die mir auch gewährt wird. Alexandra will sich heute Abend mit Freundinnen treffen. Wir chatten ein wenig. Sie scheint schon länger im Online-Dating aktiv zu sein, denn sie rät mir dazu, die Dinge gelassen und langsam anzugehen. Von Sabine habe ich bislang nichts gehört.

Während ich einem der nachmittäglichen Vorträge zuhöre, zeigt mein Smartphone den Eingang einer WhatsApp-Nachricht. Lotte hat mir geschrieben. Sie bereitet sich gerade ihr Abendessen zu. Ich wünsche ihr einen schönen Abend und eine gute Nacht. Anschließend schreibe ich eine kurze Nachricht an meinen Sohn, der wissen möchte, wie das Wetter in Washington ist.

Der erste Konferenztag endet. Draußen ist die Sonne bereits hinter den Häuserfassaden verschwunden, und die einsetzende Abenddämmerung wirft ihren Schatten auf die Straßen. Nach einem kurzen Spaziergang erreiche ich mein Hotel und liege wenige Minuten später im Bett. In Deutschland ist es jetzt mitten in der Nacht.

Einige Erfahrungen, die du beim Online-Dating machst, können das eigene Selbstvertrauen möglicherweise ins Wanken bringen. Die Situation, ausgeschimpft zu werden, wäre sicherlich für die meisten sehr unangenehm. Entscheidend ist, dass du (außer du warst wirklich selbst beleidigend und verletzend) Beschwerden, Beschimpfungen oder Beleidigungen nicht auf dich beziehst. Natürlich ist jeder Partnersuchende sensibel, denn alle haben eins gemeinsam: Ihr Grundbedürfnis nach Bindung und Anerkennung ist zurzeit nicht gestillt. Die Sehnsucht führt alle in die Situation, sich bei einer Online-Partnerplattform anzumelden. Der Versuch, den unerfüllten Bindungswunsch zu verbergen, äußert sich oftmals durch einen emotional harten Unterton, aggressive Schwingungen, negative Interpretationen von Situationen oder durch bewertende

Worte, statt nachzufragen. Wir wissen nicht, welche Enttäuschungen, Verletzungen und Sorgen unser Gegenüber erlebt hat, um nun so zu reagieren. Aber es ist nicht deine Aufgabe, diese heftigen Gefühle abzumildern. Grenz dich ab, und begib dich aus der Schusslinie. Diskussionen oder Veränderungs- und Erklärungsversuche werden nicht erfolgreich sein. Zieh deine persönliche Grenze, und wende dich anderen Kontaktanfragen zu. Du bist auf der Suche nach einem liebevollen Partner und nicht als »Therapeut« im Internet unterwegs. Vertrau deinem Bauchgefühl, und sprich mit einer wohlwollenden Freundin oder einem wohlgesinnten Freund.

Mittwoch, 26. Oktober

Ich wache nach einer traumlosen Nacht auf, immer noch im Jetlag. Es ist 3.00 Uhr morgens in Washington. Der Blick durch die Fenstervorhänge zeigt das bekannte Bild auf der Straße.

Mein tägliches Ritual bei USA-Reisen beginnt mit dem Smartphone und den geschäftlichen E-Mails, die ich abrufe und beantworte. Ganz so eilig läuft es beim Online-Dating nicht. Wer jedoch einen Partner sucht, muss natürlich auch im Kreis seiner Kontaktvorschläge präsent bleiben. Ich glaube nicht, dass ich den gegenwärtigen Zeitaufwand ein ganzes Jahr durchhalten werde. Insofern bin ich auch nicht enttäuscht, dass Sabine sich bislang nicht gemeldet hat.

Ich finde mich zur vereinbarten Zeit wieder im Coffeeshop ein und frühstücke mit meinen Kollegen. Den Weg durch das Konferenzzentrum kennen wir bereits, und so können wir noch einen großen Becher Kaffee in den Bankettsaal mitnehmen.

Nach dem Mittagessen verbringe ich die nächste Stunde als Diskussionsteilnehmer auf dem Podium. Im Anschluss an die nachmittägliche Kaffeepause sitze ich wieder an meinem Platz und blicke auf mein Smartphone. Es zeigt den Eingang einer neuen Nachricht auf dem Dating-Portal. Eine der beiden Ärztinnen aus meinen Kontaktvorschlägen hat mir geschrieben. Die »Ärztin mit eigener Praxis, 55« hat ihre Bilder entschleiert, und ich schaue auf das hinlänglich bekannte Bildmotiv »Küche« mit einer blonden Dame vor pastellfarbenen Schränken.

Sie schreibt mir, dass ich als leitender Angestellter vermutlich in meinem Beruf stets seriös sein müsse, auch wenn mir das vermutlich manchmal schwerfalle. Sie selbst müsse dies in ihrem Beruf als Ärztin natürlich auch sein, schließlich sei sie tagtäglich in Kontakt mit ihren Patienten. Auch ihr würde dies zunehmend schwerfallen, und daher versichere sie mir, in ihrer Freizeit sehr unseriös sein zu wollen, und zwar auf eine Art und Weise, die vermutlich jenseits meiner Vorstellungen liegen würde. Wenn ich Interesse daran hätte, würde sie sich gern mit mir treffen, und wir sollten dann gemeinsam auf jede mir genehme Art unseriös sein. Sie würde da keine Grenzen kennen. Mit diesem »Angebot« hatte ich nicht gerechnet.

Es kommt selten vor, dass ich sprachlos bin. Dies ist so ein Moment, und ich bin dankbar, dass meine Kollegen einem Vortrag folgen und nicht mitbekommen, wenn ich vermutlich gerade etwas verstört wirke.

Als Erstes fällt mir auf, dass die »Ärztin mit eigener Praxis, 55« ihre Worte sehr sorgfältig gewählt hat, um in der Texterkennung nicht mit sexuellen Begriffen aufzufallen. Ihr wahrlich unseriöses Angebot erinnert mich entfernt an die umzugsbereite Künstlerin, die sofort bei mir einziehen wollte, um im Großraum Hamburg ihrer Kunst nachzugehen. Da bietet mir eine Frau an, gemeinsam mit ihr meine sexuellen Vorlieben auszuleben. Ich beginne zu zweifeln, ob ich es tatsächlich mit einer Ärztin zu tun habe. In meinen Gedanken gehe ich die möglichen Motive für dieses befremdliche Angebot durch:

1. Es handelt sich tatsächlich um ein beziehungssuchendes Mitglied, deren bisherige Verabredungen nicht zu einer festen Beziehung geführt haben. Mit dem »unseriösen« Angebot versucht sie in einem verzweifelten Ansatz, das Herz eines Mannes zu erobern. Ihr Foto vermittelt mir nicht das Bild einer souveränen Ärztin.
2. Es handelt sich um eine Frau, die ihren Leidenschaften nachgehen möchte, ohne ein ernsthaftes Interesse an einer Beziehung zu haben. Der Ansatz ist durchaus klug gewählt, weil sie sich die Männer aussuchen kann, mit denen sie Kontakt aufnimmt. Obendrein dürften einige Herren sexuelle Enthaltsamkeit nicht als idealen

Lebenszustand empfinden und insofern geneigt sein, dieses Angebot umgehend anzunehmen.

3. Es handelt sich um eine Prostituierte, die ihren Jahresbeitrag im Online-Dating durch gewerbliche Dienstleistungen für gutsituierte Männer amortisiert, die normalerweise keine »Liebesdienerinnen« aufsuchen.
4. Es handelt sich um eine Person, die sich bei einem Treffen darüber amüsiert, wie manche Männer auf das angebotene Abenteuer reagieren und in die Falle tappen.
5. Es handelt sich um eine kriminelle Person, die als »Ärztin« Männer in die Venusfalle lockt, mit K.-o.-Tropfen betäubt und sie anschließend ausraubt oder erpresst. Wenn sie ihre Identität im Internet gefälscht hat, kann der Portalbetreiber lediglich ihren Zugang sperren. Die falsche Identität ist für sich genommen nicht strafbar.
6. Die Geschichte der unseriösen Leidenschaft ist in Wirklichkeit der Test einer Journalistin, die einen Artikel über männliches Verhalten im Online-Dating schreibt und dazu die Reaktionen von Männern auf eine sexuelle Offerte hin auswertet.

Alle mir durch den Kopf gehenden Motive gefallen mir nicht. Ich schwanke zwischen Empörung und Entsetzen. Soll ich dieses Mitglied der Hotline des Portalbetreibers melden? Vielleicht war es naiv von mir anzunehmen, auf dieser Plattform würden sich nur Menschen treffen, die beziehungssuchend sind, um auf diesem Weg einen Partner zu finden, in den sie sich unsterblich verlieben. Meine blütenweiße Welt reiner Gefühle und guter Absichten stürzt gerade in einen schmutzigen Abgrund. Soll ich diese Nachricht einfach ignorieren und auf weitere Versuche nicht reagieren? Das erscheint mir zunächst die richtige Verhaltensweise zu sein. Andererseits halte ich es für falsch, dieses Verhalten einfach zuzulassen und nicht dagegen vorzugehen. Ich kann als siebtes Motiv nicht ausschließen, dass bei einem Mitglied einfach »die Sicherungen durchgebrannt« sind, um auf diese Art und Weise Aufmerksamkeit und Zuwendung zu erreichen. Es erscheint mir zwar recht unwahrscheinlich zu sein, doch möchte ich auch nicht überreagieren.

Ich beschließe, der »Ärztin mit eigener Praxis, 55« zu antworten. Ich schreibe ihr in kurzen Sätzen, dass ich ihr Verhalten für unangemessen halte und derartige Angebote auf einer Dating-Plattform nichts zu suchen haben. Ich würde ihr zugutehalten, dass sie die Wirkung ihres freizügigen Angebots möglicherweise nicht übersehen hat, und daher keine Meldung beim Portalbetreiber vornehmen. Falls sie tatsächlich seriösen Kontakt mit mir aufnehmen wollte, möge sie sich zu erkennen geben oder mich fortan unbehelligt lassen. Im Wiederholungsfall würde ich sie unverzüglich dem Plattformbetreiber melden.

Ich habe nie wieder etwas von der »Ärztin mit eigener Praxis, 55« gehört.

Das unerwartete und unangenehme Erlebnis hat mir deutlich vor Augen geführt, dass wir Mitglieder nicht davor geschützt werden können, möglicherweise in eine klug aufgestellte Falle zu tappen. Wahrscheinlich gibt es ähnliche Ansprachen bei weiblichen Mitgliedern, die ebenfalls zu einem Treffen gelockt werden sollen. Wenn unter einer Million Partnersuchender nur 0,1 Prozent der Mitglieder kriminelle Absichten verfolgen, bedeutet das tausend Kriminelle, die erkannt und herausgefiltert werden müssen. Das ist eine schier unlösbare Aufgabe für den Plattformbetreiber. Jedes Mitglied ist daher gut beraten, bei aller Freundlichkeit und Sympathie stets zu prüfen, ob eine Verabredung den üblichen Anforderungen an einen öffentlichen Ort entspricht oder ob eine gut klingende Geschichte aufgetischt wird, um ein Mitglied in eine Falle zu locken.

Die Episode mit der »Ärztin mit eigener Praxis, 55« hat mir vor Augen geführt, dass Online-Plattformen mit der Anonymität der Kommunikation in vielfältiger Hinsicht auch eine Einladung zum Betrug sein können. Wer kann schon beurteilen, ob meine Angaben stimmen und meine Bilder authentisch mein jetziges Alter wiedergeben? Andererseits will ich den Glauben an eine ehrliche und aufrichtig geführte Kontaktanbahnung nicht so einfach aufgeben. Möglicherweise habe ich einfach Pech gehabt und eine Erfahrung gesammelt, die anderen Mitgliedern erspart bleibt. Komische Leute gibt es überall, und ich bin nicht daran interessiert, unbedingt jede abwegige Erfahrung machen zu müssen. Wahrscheinlich gibt es bei meinem Anbieter auch eine Funktion, mit der ich einen Kontakt löschen kann. Mein schneller Einstieg ins Online-Dating rächt sich jetzt. Vielleicht hätte ich die Hinweise und Empfehlungen des Anbieters doch vollständig lesen sollen, bevor ich mich in die Kommunikationsebene meiner Kontaktvorschläge begeben habe.

Die ganze Angelegenheit verdränge ich sehr schnell, denn Lotte hat mir geschrieben. Das ist jetzt die richtige Therapie für mich, um wieder auf positive Gedanken zu kommen. Die Konferenz plätschert vor sich hin. Viel Neues ist momentan nicht zu erfahren, deshalb kann ich mir die private Ablenkung ruhig gönnen. Lotte schreibt mir, dass sie heute nicht arbeiten müsse und sich mit ihrem Haushalt beschäftige, der in den vergangenen Tagen zu kurz gekommen sei. Ich antworte ihr, dass mir das Problem bekannt vorkomme, und erzähle ihr von meinen Bügelpflichten und der pädagogischen Herausforderung, meinem Sohn beizubringen, dass Unordnung nur in gewissen Grenzen toleriert werden kann. Ich berichte von unserer Männer-WG, die eigentlich ganz gut funktioniert, solange ich keine haushaltsnahen Dienstleistungen von meinem Sohn verlange. Lotte kann meine Gedanken nachempfinden. Wir kommen auf das Thema »Partnersuche« zu sprechen, und sie fragt mich, ob mein Sohn mit meiner Online-Suche einverstanden ist? Lotte stellt wirklich gute Fragen – schießt es mir durch den Kopf. Sie hat in meinem Profil gesehen, dass ich verwitwet bin und mit meinem siebzehnjährigen Sohn zusammenlebe.

Du lernst nicht nur einen neuen Partner kennen, sondern oftmals auch dazugehörige Kinder. Bedenke: Eltern bleiben immer Eltern, auch nach der Trennung. Du wirst nie einen Elternteil ersetzen können, achte auf deine Rolle in der neuen Partnerschaft. Lotte reagiert ganz einfühlsam, indem sie an frühzeitiger Stelle schon fragt, ob der Sohn einverstanden sei mit der Online-Suche. Aber du wirst im Verlauf merken, dass dein Kontakt zu den Kindern geprägt ist von Nähe und Distanz bis hin zur Abwehr. Vielleicht wirst du als Eindringling wahrgenommen.

Tipps zum Umgang mit den Kindern

- Kinder und Jugendliche oder auch erwachsene Kinder brauchen Zeit, um sich an den Gedanken an eine neue Partnerin oder einen neuen Partner für den Vater oder die Mutter zu gewöhnen und ihn beziehungsweise sie zu akzeptieren.
- Organisiere zum Kennenlernen eher kurze Treffen außerhalb der Wohnung. Geht in den Wildpark, ins Kino, zum Essen, aber nicht zum Schwimmen oder Ähnliches. Denn es ist meist zu persönlich, sich in Badekleidung zu zeigen.
- Ein neuer Partner wird vom Kind oft als Eindringling erlebt.
- Du bist mit der Entscheidung für einen neuen Partner ganz erfüllt, voller Freude und begleitet von Neubeginn und Glücksgefühlen. Du hast ein Recht darauf, aber vielleicht sind die Kinder noch mit anderen Gedanken und Gefühlen beschäftigt. Gib deinen Kindern Zeit, du kannst das Kennenlernen trotzdem fortsetzen.

Ich muss über meine Antwort nicht lange nachdenken. Natürlich ist mein Sohn traurig über den Verlust seiner Mutter. Wir haben aber hautnah miterlebt, wie sich der Krankheitszustand meiner Frau stetig verschlechterte, wir nur noch von Pflegekräften umgeben waren und die letzte Phase ihres Lebens aus unmenschlichem Leiden bestand. Wir beide mussten erkennen, dass der Tod für einen schwer erkrankten Menschen auch Erlösung sein kann. Die Tragik dieses Schicksals wird für immer in unserer Erinnerung bleiben. Wir haben dadurch gelernt, dass das Leben eine Kostbarkeit ist. Wer morgens ohne fremde Hilfe sein Bett verlassen kann, befindet sich schon auf der Sonnenseite. Angesichts unserer Erfahrungen leben mein Sohn und ich heute bewusster und gehen auch fürsorglicher miteinander und mit den uns nahestehenden Menschen um.

Das Thema »Partnersuche« haben wir ausführlich besprochen. Eine neue Partnerin wird die Lücke in unserer kleinen Familie nicht schließen können, und ich habe ihm versichert, dass wir die Erinnerung an die gemeinsamen Jahre zu dritt in unseren Herzen bewahren werden. Ich bin gut aus der Trauerphase herausgekommen und wieder lebenshungrig. Zu einem erfüllten Leben gehört für mich natürlich mein Sohn, dessen Heranwachsen meine Frau und ich mit viel Freude erleben durften. Mein Leben bliebe aber unerfüllt, wenn ich mich nicht nach einer Frau sehnte, die mich durch mein Leben begleitet. Ich möchte wieder glücklich sein und eine neue Partnerin durch meine

Zuwendung ebenso glücklich machen. Schließlich wird mein Sohn in absehbarer Zukunft das Haus verlassen und seinen eigenen Weg gehen. Diese Dinge haben wir besprochen, und mein Sohn ist einverstanden, dass ich jetzt online date. Ich selbst bin gespannt auf mein neues Leben.

Die Vergangenheit kann ich nicht ändern, mich aber dankbar an die vielen guten Jahre erinnern. Was vor mir liegt, weiß ich nicht. Ich habe beschlossen, einen neuen Anfang zu wagen, und bin – um es mit den Worten eines Kontaktes zu sagen – gespannt, was hier auf mich zukommt. Lotte erfährt es in komprimierter Form. Es ist mir wichtig, zwei Botschaften zu senden: Erstens bin ich im Kopf und im Herzen frei für eine neue Partnerschaft, und zweitens gibt es kein Problem mit meinem Sohn, der schließlich auch einen glücklichen Vater um sich haben will, denn Kummer hatten wir in den letzten Jahren zur Genüge.

Lotte scheint es zu freuen. Das wiederum freut mich. Wir sprechen über die Schwierigkeiten, die bei der Suche nach einem neuen Partner gemeistert werden müssen, und ich bin erstaunt, wie sehr unsere Auffassungen übereinstimmen. Wir schreiben uns ganz unbefangen, so als würden wir uns schon unendlich lange kennen. Wie bei WhatsApp üblich, tauschen wir nur kurze Texte aus. Unsere Sprache ist herzlich und von einer ungewöhnlichen Leichtigkeit und Vertrautheit. Ich bin beeindruckt. Wir müssen nicht lange um den heißen Brei herumreden. Auch Lotte scheint die Unterhaltung mit mir sichtlich zu genießen. Sie fragt mich, wie ich die Partnersuche im Internet sehe und wie ich vorgehe, um in meinem »Angebot« die richtige Frau zu finden. Ich kann Lotte natürlich nicht antworten, dass ich das Gefühl habe, gerade mit der »Richtigen« zu chatten, denn das würde sie vermutlich irritieren.

Also antworte ich ganz bescheiden, dass wir eigentlich doch nur einen Menschen suchen, dessen Nähe und Zuneigung wir herbeisehnen. Da ist es unerheblich, ob ich unter fünfzig oder fünfhundert Partnervorschlägen suche, denn am Ende suche ich doch nur die Eine. Ich gebe allerdings zu, dass dies einfacher gesagt als umgesetzt ist. Aber es ist die Mühe wert, denn es geht ja um eine wichtige Weichenstellung im Leben. Lotte bleibt skeptisch. Wie ich denn die Nadel im Heuhaufen finden wolle, fragt sie. Ich bleibe optimistisch und antworte ihr, dass es nur wichtig sei zu wissen, dass eine Nadel im Heuhaufen stecke. Sie zu finden ist dann lediglich eine Frage der Zeit. Mit etwas Glück liegt sie vornean, und man muss nicht lange suchen. Ob sie die Botschaft zwischen den Zeilen erkannt hat, vermag ich nicht zu sagen, jedenfalls vergeht der Konferenznachmittag wie im Flug. Lotte verabschiedet sich. In Deutschland ist es bereits später Abend, und sie muss morgen wieder früh aufstehen. Ich wünsche ihr eine gute Nacht, und wir verabreden, am folgenden Tag über WhatsApp weiterzuchatten.

Gut gelaunt wende ich mich wieder dem Konferenzgeschehen zu. Durch das fehlende Tageslicht stellt sich unser Körper nicht auf die Ostküstenzeit um. Wir sitzen in unserem Bankettsaal unter künstlichem Licht und können uns ein Gähnen nicht verkneifen. Wir verbringen aber einen munteren Abend mit gutem Essen und kalifornischem Weißwein. Der Rückweg zum Hotel fühlt sich kürzer als der Hinweg an. Zufrieden mit dem heutigen Tag, dem sehr erbaulichen Gedankenaustausch mit Lotte und einem fröhlichen Abend zu dritt, sinke ich in den Schlaf.

Gute Nacht, Lotte – ich träume von der lebenslustigen Frau im Strandkorb, mit der ich so gern chatte.

Das Foto von Lotte hat eine so positive Ausstrahlung und lässt für den Betrachter ihre Lebendigkeit und Lebensfreude spürbar werden. Das führt selbstverständlich zu schönen Gefühlen und zu der Motivation, diese Frau auf jeden Fall kennenlernen zu wollen. Beim Anblick des Fotos und beim Lesen der Nachrichten entstehen Bilder, Gefühle und Fantasien im Kopf des Betrachters, und diese veranlassen ihn zum Schreiben, zum Telefonieren und führen eventuell zum Treffen. Gefühle leiten uns, und sie werden durch verschiedene Sinnesreize beeinflusst oder aktiviert. Das kann ein Foto sein, ein Musikstück, Farben, Gerüche, die Art der gewählten Worte beim Schreiben und vieles mehr. Dennoch empfinden zum Glück nicht alle Suchenden das gleiche Foto beziehungsweise die abgebildete Person attraktiv. Du wirst geleitet von deinen Erfahrungen mit bestimmten Typen von Menschen, von Erlebnissen an bestimmten Orten oder von wahrnehmbaren Ausstrahlungen, die in dir Interesse, Neugier und Gefühle aktivieren, im Positiven wie im Negativen. So ist es möglich, dass jeder Suchende einen für ihn passenden Partner kennenlernen kann.

Donnerstag, 27. Oktober

Der Blick auf den Wecker verrät mir, dass ich schon wieder um 3.00 Uhr nachts wach bin. Heute Abend geht es zurück nach Deutschland. Wir werden den Flug von Washington nach München nehmen, der erst am späten Abend in Washington startet. Ich springe aus dem Bett. Eine halbe Stunde später verlasse ich mein Zimmer und unternehme einen Morgenspaziergang durch die menschenleere Stadt. Es ist noch dunkel und unerwartet kalt an diesem Donnerstagmorgen. Nach 25 Minuten an der frischen Luft bin ich wieder im Hotel. Die E-Mails warten auf mich. Im Konferenzgebäude setze ich mich in einem der kleineren Tagungsräume in die letzte Reihe und schaue wieder auf den roten Punkt neben dem WhatsApp-Icon. Lotte hat mir geschrieben.

Wie schön. Sie hat gerade Mittagspause, wünscht mir einen schönen Tag und einen guten Rückflug durch die Nacht. Natürlich bedanke ich mich für ihre guten Wünsche und merke an, dass sich unser Gedankenaustausch per WhatsApp doch sehr angenehm entwickelt und wir das als gutes Vorzeichen werten können. Sie antwortet mit einem Smiley. Ich schreibe ihr noch, dass ich mich nach der Landung in München »bemerkbar« machen werde, und schließe mit der Aussage, dass ich mich auf unser erstes Telefonat am kommenden Samstagnachmittag freue.

Kurze Nachrichten, ein Smiley, eine nette Nachfrage – all das kann dein Gegenüber aktivieren, aufmerksam auf dich zu werden oder aufmerksam zu bleiben. Trau dich, dich zu zeigen und so das Interesse beim anderen zu wecken und zu halten. Du kannst sicher sein: Nur wenn die Chemie zwischen euch stimmt, wird sich der Kontakt positiv weiterentwickeln. Achte auf die Reaktionen deines Gegenübers, aber warte nicht immer nur ab, denn erwachsene Männer und Frauen dürfen gleichermaßen auf sich aufmerksam machen und ihr Interesse bekunden. Oft sind es die kleinen Gesten, die eine große Wirkung zeigen. Nutze diese Möglichkeiten.

Tipps, um das Interesse aufrechtzuerhalten

- Sende kurze Nachrichten.
- Verschicke Smileys.
- Zeige dein Interesse durch positive Gesten.
- Stelle gezielte Nachfragen.
- Verzichte auf das Versenden allgemeiner Videos und vorgegebener Sprüche. Diese demotivieren eher, weil sie oft beliebig und unpersönlich sind.

Der letzte Konferenztag vergeht schnell. Unser Trio tauscht sich noch kurz über die Ergebnisse in den unterschiedlichen Arbeitsgruppen aus, und dann treten wir die Rückfahrt zum Airport an. Dort angekommen sitzen wir neunzig Minuten später in unserem Flugzeug.

Nach dem Start nehme ich ein Glas Rotwein zu mir, fahre meinen Sitz in die Liegeposition, dämpfe die Geräusche mit Ohrstöpseln und setze meine Schlafmaske auf. Kurze Zeit später falle ich in einen traumlosen Schlaf, während ich den Nordatlantik überquere.

Freitag, 28. Oktober

Ich verspüre leichte Vibrationen an meinem Sitz. Ein untrügliches Zeichen dafür, dass die Flugbegleiter den Kabinengang auf und ab laufen, was auf den beginnenden Frühstücksservice hindeutet. Es wird Zeit aufzuwachen.

Während wir einige Zeit später in den Sinkflug übergehen, übermittelt der Kapitän das aktuelle Wetter in München. Wir müssen den Flughafen umfliegen, damit wir gegen den Westwind vom Osten aus landen können.

Ich bin wieder in Deutschland. Bis zu meinem Anschlussflug nach Hamburg habe ich noch etwas Zeit. Ich informiere zunächst Lotte und anschließend auch Alexandra und Sabine über meine Rückkehr. Ich habe keine Vorstellung davon, wie mein morgiges Telefonat mit Lotte sein wird. Wenn es gut verläuft, möchte ich sie zu einem Abendessen einladen. Blumen erscheinen mir für ein erstes Date unpassend, aber eine kleine Aufmerksamkeit sollte nach meinem Dafürhalten eine positive Erinnerung an den ersten gemeinsamen Abend schaffen. Der Plattformbetreiber rät von Geschenken beim Treffen ab und empfiehlt sogar getrennte Rechnungen. Ich bin da anders sozialisiert. Wenn der Abend mit Lotte nicht erfolgreich verlaufen sollte, haben wir immerhin eine kulinarisch angenehme Zeit miteinander verbracht. Ich kaufe im Flughafen noch einen Reiseführer über Prag und eine schöne Schmuckkarte als Mitbringsel.

Mein anschließender Flug nach Hamburg verläuft unspektakulär. Am Flughafen nehme ich die S-Bahn zum Hamburger Hauptbahnhof. Im unterirdischen Bahnhof lächeln mich junge Frauen und Männer an. »Alle 11 Minuten verliebt sich ein Single«, verheißt die Werbung. Das kommt mir doch sehr bekannt vor. Mir fällt ein, dass ich der Chemikerin noch die Zusendung meiner Bilder und die dazu passende Nachricht versprochen habe.

Etwa eine Stunde nach meiner Ankunft am Hamburger Flughafen komme ich zu Hause an. Nach einer ausgiebigen Dusche bin ich wieder munter und setze mich vor meinen Rechner. Ich logge mich im Mitgliederbereich ein und finde sehr schnell das Profil der ungehaltenen Chemikerin in meinen Kontakten. Meine Bilder entschleiere ich wie zugesagt und bringe noch einmal kurz mein Bedauern zum Ausdruck. Ich wünsche der Dame einen guten Abend, ein hoffentlich erholsames Wochenende und verabschiede mich von ihr mit dem Hinweis auf meine USA-Reise und das Bedürfnis, den Schlafmangel der vergangenen Tage jetzt aufholen zu wollen.

Ich lasse meinen Rechner eingeschaltet, setze mich zu meinem Sohn und berichte kurz von der Reise und über den Verlauf der beiden Flüge über den Atlantik. Nach dem Abendessen schlendere ich noch einmal in mein Arbeitszimmer. Eigentlich will ich nur noch den Computer herunterfahren, weil ich am heutigen Abend nicht mehr mit einer Antwort rechne. Doch ich habe mich geirrt. Ich habe eine neue Nachricht erhalten, und die stammt von ebender Chemikerin. Sie sei hingerissen von meinen Bildern und finde mich sehr nett und kultiviert. Es tue ihr wahnsinnig leid, dass sie mich so unfair angegangen sei und mir unredliches Verhalten unterstellt habe. Sie findet meinen Brief sehr nett geschrieben, meine Wortwahl sehr berührend und bittet mich darum, doch ihre Antwort einfach aus meinem Gedächtnis zu tilgen. Sie möchte mit mir die Kontaktaufnahme gern noch einmal von vorn beginnen und fragt an, ob ich dazu bereit wäre.

Die Anschuldigungen oder die Unterstellungen eines Kontaktpartners sind, wenn sie einmal in die Welt gesetzt wurden, nur schwer zurückzunehmen, denn sie wurden bereits als Verletzung in unserer Erinnerung abgespeichert. Selbst langjährige Partnerschaften können daran scheitern. Wenn wir Mutmaßungen haben, dann sollten wir über unsere Gefühle sprechen. Die Chemikerin hätte schreiben können, dass sie verwundert sei, weil sie auf das Anlächeln keine Reaktion erhalten habe und sie sich damit komisch fühle, da die Bilder wohl häufiger angeschaut worden seien. Sie hätte auch um eine Erklärung bitten können; dieses Recht hat sie natürlich, wenn es sich für sie seltsam, befremdlich oder anzüglich anfühlt. So wäre ein

Austausch auf Erwachsenenebene möglich gewesen. Unterstellungen haben immer etwas mit der Person zu tun, von der sie ausgehen. Es gibt Partnersuchende, deren Ziel es ist, durch Anschuldigungen Kontakt, Zuwendung und Selbstbestätigung zu erhalten. Möglich ist jedoch auch, dass eine Projektion zu einem derartigen Verhalten führt. Bestimmte Verhaltensweisen oder Schwächen werden dann anderen Personen unterstellt, obwohl der Anschuldigende sie selbst in sich trägt.

Wenn dich bei der Partnersuche etwas verärgert oder verletzt, reagiere nicht sofort, sondern schlaf eine Nacht darüber, und überleg dir, mit welcher Intention du deine Botschaft schreibst. Vermeide Unterstellungen und Verallgemeinerungen, formuliere jedoch deine Gedanken ganz eindeutig, grenze dich ab, und zieh dich zurück.

Ich schaue mir ihre Profilbilder an. Sie trägt eine Brille mit dunklem Rahmen und eine braune Kurzhaarfrisur. In dieser Kombination wirkt ihr Gesicht streng und genauso freudlos wie die Zuschrift, die ich in der vergangenen Woche von ihr erhalten habe. In dieser Aufmachung verspielt sie ihre weichen Gesichtszüge. Ihr Porträt passt zu ihrem Verhalten, schießt es mir durch den Kopf.

Ich muss zugeben, dass mich die ausgesprochene Bitte eines Neustarts emotional nicht berührt und sich mein Bild von dieser Frau nicht verändert hat. Höflich antworte ich ihr, sie solle die kleine Episode mit mir nicht überbewerten. Angesichts meiner bestehenden Kontakte bitte ich um Verständnis, dass ich den Kontakt zu ihr gegenwärtig nicht vertiefen möchte, und wünsche ihr für ihre weitere Partnersuche viel Erfolg.

Auf meinem WhatsApp-Account ist eine Nachricht von Lotte eingetroffen. Sie freut sich auf unser Telefonat und berichtet, dass sie heute Abend ein Treffen mit ihren Freundinnen hat und die vier »Mädels« sich zum Abendessen verabredet haben. Sie wünscht mir eine gute Nacht und erholsamen Schlaf. Wie nett. Ich genieße es, nach drei Nächten im Hotel und einer Nacht im Flugzeug wieder im eigenen Bett zu schlafen.

Wie kann es möglich sein, dass sich zwei völlig fremde Menschen nur durch Bilder und Nachrichten per WhatsApp einander so nahe fühlen, sich stark füreinander interessieren und positive Schwingungen wahrnehmen? Hier kommt beiden eindeutig der schon beschriebene Halo-Effekt zugute. Sie schließen von dem Foto und den netten Worten in der Mail auf die gesamte Persönlichkeit. Ihre Grundhaltung, den Menschen erst einmal zu vertrauen, hilft ihnen dabei. Sicher kennen die Mitglieder von Facebook oder Instagram diesen Effekt. Das Bauchgefühl entscheidet ganz schnell anhand weniger Kriterien, ob wir mehr Kontakt aufnehmen oder nicht. Häufig sind einzelne Themen, Worte und/oder das Profilfoto von Bedeutung. Oftmals wissen wir instinktiv, ob wir vorsichtig sein müssen oder in den Kontakt gehen wollen. Das Bauchgefühl beziehungsweise unsere Intuition gibt den Ausschlag.

Ohne Intuition sind wir im schnelllebigen Alltag nicht handlungsfähig. Unsere Entscheidungen werden meist aufgrund unserer Intuition getroffen, und diese ist entstanden durch zwischenmenschliche Erfahrungen von Geburt an. Leider kommt es da allzu oft auch zu Vorurteilen, denn unsere Intuition ist nicht nur durch tatsächlich Erlebtes gefüttert, sondern auch durch Gehörtes und Gesehenes. Unsere gesamten Sinneswahrnehmungen spielen hier zusammen.

Mögliche Gründe für die Entscheidung bei der Partnersuche

- Gefühle färben ab; es werden Menschen mit Empfindungen und Eigenschaften ausgewählt, die unserem emotionalen Wunsch oder vertrauten Schema oder Muster entsprechen.
- Wir wollen, dass unsere Bedürfnisse (ganz unterschiedlicher Art) befriedigt werden, und suchen dafür den entsprechenden Partner.
- Wir haben ähnliche Lebenseinstellungen, oft einen vergleichbaren sozialen Status.
- Wir »scannen« das Erscheinungsbild, das Alter, die Kleidung, die Frisur ...
- Wir schätzen die Ähnlichkeit mit bisherigen Partnern, mit einem Elternteil oder mit Geschwistern. Wir empfinden eine Vertrautheit durch Verhaltensweisen, Haarfarbe, Gesichtsausdruck, Körperbau oder Sonstiges.
- Auf ein bestimmtes Aussehen und eine gewisse Ausstrahlung werden bestimmte Eigenschaften projiziert.

- Unbewusst suchen wir Partner, welche über Kompetenzen verfügen, die wir selbst nicht besitzen, oder Konflikte lösen, die wir allein nicht bewältigen können.
- Wir empfinden tiefe Gefühle der Vertrautheit aufgrund von Eigenschaften, Körperbild, Gesichtsausdruck.

Die Liste ließe sich fortsetzen. Doch letztlich hat die Forschung keine eindeutige Antwort auf die Frage, warum wir uns in einen bestimmten Partner verlieben oder sehr schnell ein Gefühl der Vertrautheit spürbar wird.

Das Telefonat mit Lotte

Samstag, 29. Oktober

Die tiefstehende Herbstsonne scheint aus östlicher Richtung in mein Schlafzimmer. Durch die Helligkeit wache ich auf. Es wird ein sonniger Herbsttag in Norddeutschland, und verschlafen schaue ich auf meinen Wecker. Es ist 9.15 Uhr. Da ich Hunger habe, schwinge ich mich voller guter Laune aus dem Bett und genieße den Start in den neuen Tag. Das Frühstück fällt heute etwas reichhaltiger als gewöhnlich aus, damit ich auf das Mittagessen verzichten kann.

Im Online-Dating beginnt die Wochenend-Anmeldungswelle, und ich habe neue Kontaktvorschläge erhalten. »Same procedure as every week«, geht es mir durch den Kopf. In der Wochenmitte hat mir mein Anbieter sinnigerweise Kandidatinnen von den hinteren Rängen meiner Kontaktliste erneut vorgestellt und an den Anfang der Liste gesetzt. Zunächst habe ich mich darüber gewundert, und der Gedanke eines »Recyclings« zuckte durch meinen Kopf. Andererseits führt diese unerwartete Präsentation der Kandidatinnen aus dem hintersten Abschnitt der Liste zu einer erneuten Betrachtung der Profile und mindert damit die Nichtbeachtung der Kontakte am Listenende aufgrund der zeitlichen Beanspruchung beim Durchforsten der Liste. Wenn ich jedem Kontaktvorschlag auch nur eine Minute Zeit widme, brauche ich bereits für eine oberflächliche Betrachtung mehr als zwei Stunden. Obendrein muss ich mir Notizen machen, welche Profile mich ansprechen und welche Merkmale dafür ausschlaggebend waren.

Aber jetzt ist Wochenende, und da bleibt das Listenende unangetastet, denn die neuen Kontaktvorschläge warten auf eine Bewertung. Ich schaue mir die »Neuen« nur kurz in der Liste an, ohne einzelne Profile anzuklicken. Die Chemikerin habe ich gerade hinter mir gelassen, da möchte ich nicht die nächste partnersuchende Dame mit der Betrachtung ihres Profils in Aufregung versetzen. So effizient das Online-Dating auch sein mag, der sichere Weg zur Partnerschaft birgt viele Stolperfallen. Zurückblickend auf die vergangene Woche muss ich mir eingestehen, dass ich wahrscheinlich zu naiv in die Mitgliederkommunikation eingestiegen bin und bis heute viel Glück mit meinen aktiven Kontakten habe. Wenn ich die unseriöse Ärztin und die ungehaltene Chemikerin außen vor lasse, waren die achtzehn weiteren Kontaktaufnahmen geprägt von einem freundlichen Umgang miteinander, vorsichtig-zurückhaltender Reaktion wie bei Alexandra und Sabine oder von spontaner Freundlichkeit und Herzlichkeit wie bei Lotte und der Germanistin. Ich ziehe für mich daraus die Konsequenz, im weiteren Verlauf meiner Partnersuche das

Tempo zurückzunehmen und nichts zu erzwingen, was einfach Zeit und Reifung braucht.

Hierzu an dieser Stelle noch einmal etwas Grundsätzliches: Mit einer guten Vorbereitung auf die Gegebenheiten, Möglichkeiten und Grenzen beim Agieren auf der Partnerbörse oder Singlebörse reduzierst du die Anzahl möglicher Stolperfallen. Nur wenn wir uns gut auskennen, können wir Funktionen für uns nutzen, vorsichtig handeln und wissen, warum unser Gegenüber sich in einer bestimmten Weise verhält. Es geht um sogenannte Spielregeln, die dir Sicherheit geben.

Tipps zur Vermeidung von Stolperfallen

- Vor Abschluss des Vertrages des Online-Anbieters solltest du dich über alle Modalitäten und Funktionalitäten informieren, auch wenn dies manchmal anstrengend und überflüssig erscheint.
- Besorge dir Informationen zum Handling der Plattform: Änderungen einfügen, Übermittlung von Kontaktprofilen, anlächeln, Bilder freischalten, Bilder ansehen, Transparenz deiner Online-Aktivitäten, Kontaktaufnahme, Beenden von Kontakten und vieles mehr.
- Du solltest die Kommunikationswege in dem betreffenden Portal kennen.
- Jede Online-Plattform hat ganz eigene Richtlinien, interessiere dich dafür.

- Du solltest dich über den Datenschutz vergewissern und sicherstellen, dass deine Daten verschlüsselt sind.
- Nimm dir so viel Zeit, wie du brauchst; das Ganze ist ja kein Wettbewerb.

Ich habe schon lange kein Buch mehr gelesen und werde heute mit einem neuen Kriminalroman beginnen, der mit dem Titel *Selfies* zumindest äußerliche Parallelen zu meiner Partnersuche aufweist: Ich habe jetzt ein Bild von mir und in den vergangenen Tagen viel über mich erfahren, weil ich mich mit meinem Leben und meiner Zukunft auseinandersetzen musste. In den Kriminalgeschichten meines dänischen Autors geht es immer um »Cold Cases«, also bislang unaufgeklärte Kriminalfälle, die erneut untersucht werden. Da kann ich nur hoffen, dass sich meine Partnersuche nicht ebenso entwickelt und ich nicht als ungelöster partnersuchender Fall ende. Immerhin suche ich nicht den Täter aus der Vergangenheit, sondern die Traumfrau in der Zukunft. Das Vorzeichen macht den Unterschied. So recht vermag ich mich jedoch nicht zu konzentrieren, denn um 17.30 Uhr habe ich mich mit Lotte zum Telefonat verabredet.

Ich liege unruhig auf dem Sofa. Mein Sohn will sich noch mit einem Schulfreund treffen, vorab aber die Porträts meiner Online-Kontakte sehen. Ich stehe auf und fahre meinen Rechner wieder hoch. Mein Sohn lugt über meine linke Schulter, und ich starte mit den Profilen. Die Porträts meiner achtzehn aktiven Kontakte scheinen ihm nicht zu gefallen. Bis auf das Bild einer lebenslustigen Frau im Strandkorb. So erhält Lotte den einzigen positiven Kommentar meines Sohns: »Oh, die ist aber nett. Die sieht auch gut aus!«

Mein Sohn verabschiedet sich und kündigt seine Rückkehr für 19.00 Uhr an.

Für Kinder und Jugendliche ist es ganz wichtig, bestimmte Alltagsrituale auch während der Suche eines Elternteils nach einem neuen Partner oder später mit einem neuen Partner an dessen Seite weiterhin aufrechtzuerhalten. Kinder oder Jugendliche brauchen gerade nach dem Tod eines Elternteils oder nach der Trennung der Eltern ganz viel Beständigkeit. Eigene Zeit mit dem verbliebenen Elternteil beziehungsweise den beiden nun getrennt lebenden Elternteilen sowie Sicherheit schafft Verlässlichkeit. Die hier genannten Rituale der »Männer-WG« zum Beispiel sind ein ganz entscheidender Bestandteil einer guten Bindung zwischen Vater und Sohn. Alle Kinder und Jugendlichen haben ein Recht auf ihre Eltern und eine Sehnsucht nach diesen. Aber Mütter wie auch Väter haben auch ein Recht auf ihre Bedürfnisse als Erwachsene, die auf keinen Fall von einem Kind erfüllt werden dürfen. Die emotionale Last wäre dann für die Kinder viel zu groß. Ich erlebe es fast täglich in meiner Praxis, wie schwer die Verantwortung für ein Elternteil auf Kindern, Jugendlichen oder jungen Erwachsenen lastet. Deshalb brauchen Erwachsene auch erwachsene Partner für das Stillen ihrer Bedürfnisse nach Bindung und für ihren Trost. Für Kinder, Jugendliche und junge

Erwachsene ist es erleichternd, wenn sie erleben dürfen, dass die Eltern gut für sich sorgen. Dazu brauchen Elternteile auch angemessen viel Zeit. Je älter die Jugendlichen sind, desto mehr Zeit kann man mit dem neuen Partner allein verbringen.

Ich fahre den Rechner wieder herunter. Es ist gleich 17.30 Uhr. Zeit für mein Telefonat mit Lotte.

Zurück im Wohnzimmer, mache ich es mir wieder auf dem Sofa bequem. Es ist genau 17.30 Uhr, als ich ihre Mobiltelefonnummer wähle. Nach drei Freizeichen habe ich Lotte in der Leitung. »Hallo – hier ist Lotte«, höre ich die helle Stimme einer offensichtlich fröhlichen Frau.

»Hallo, Lotte – hier ist Joachim«, antworte ich. »Ich freue mich, dass wir telefonieren können! Ich habe mir gedacht, dass es einfach schöner ist, einmal miteinander zu sprechen, als endlose Mails oder WhatsApp-Nachrichten auszutauschen.«

»Ja, das sehe ich auch so. Bist du denn nicht zu müde nach deiner Amerikareise?«

Ich berichte kurz von meinem Aufenthalt in den USA und erzähle ihr, dass ich beruflich häufiger dorthin fliege und die zurückliegende Reise deshalb für mich Routine war, zumal ich als Konferenzteilnehmer beruflich nicht wirklich gefordert wurde.

Auf meine Rückfrage, wie denn ihre Woche verlaufen sei, erzählt mir Lotte von ihren beruflichen Aktivitäten in der Werbebranche und den unsäglichen Autobahnstaus, die sie durch die vielen Baustellen auf den Autobahnen täglich morgens und abends erlebt hat. Das ist für mich absolut nachvollziehbar, denn nach mehr als zwanzig Jahren täglicher Elbtunnelnutzung und diversen Problemen, den Hamburger Flughafen einigermaßen pünktlich zu erreichen, kenne ich die Gefühlslage als Pendler zur Genüge.

Unser Telefonat entwickelt sich zu einer munteren Diskussion. Offenbar stimmen wir auch darin überein, dass der Umzug in die Großstadt keine Alternative ist. Das bringt uns auf das Thema unserer Matchingpoints im Übereinstimmungsprofil der Online-Plattform. Auch darin stimmen wir überein, dass wir mit der Zahl als solcher nicht viel anfangen können und ein gewisses Maß an Unterschiedlichkeit durchaus als beziehungsfördernd empfinden, weil eben jeder Partner seine Freiräume braucht und wir nicht vorhaben, unseren eigenen Lebensstil gänzlich aufzugeben.

Es verwundert mich natürlich nicht, dass Lotte einen Freundeskreis pflegt, der sich regelmäßig trifft und dessen fröhliches Beisammensein für Lotte eine Bereicherung in ihrem Single-Leben darstellt. Ich kann ihr da nur beipflichten und merke an, dass eine Partnerschaft doch ein Zugewinn an Glück und Zufriedenheit bringen und nicht als Zwang gesehen werden sollte. Letztlich suchen wir ja die Zweisamkeit als Beendigung der Einsamkeit und der Unvollständigkeit unseres Lebens, das mit Liebe und Zuneigung doch einfach schöner ist als unsere Gegenwart, die weder Lotte noch ich uns ausgesucht haben.

Für mich bestätigt sich in diesem Telefonat die Leichtigkeit und Offenheit, mit der Lotte und ich auch ganz persönliche Themen ansprechen, über die wir ohne Befangenheit oder Bedrücktheit reden können. Die Unverkrampftheit und die positive Stimmung, die ich bereits in unseren kurzen Chats wahrgenommen habe, höre ich unverstellt und mir zugewandt in unserem Gespräch! Natürlich konzentriere ich mich auf ihre Antworten und versuche, mit freundlichen und abgewogenen Worten unser Telefonat weiter voranzubringen. Ich denke aber: »Wow, was für eine sensible Frau, die unseren ersten Kontakt mit so viel Empathie und Fröhlichkeit in der Stimme führt! Jetzt nur nichts falsch machen und diese Gelegenheit nicht verpassen!«

Wir sprechen über unsere Erfahrungen im Online-Dating. Natürlich interessiert sich Lotte dafür, was mein Sohn zu diesem Thema sagt. Ich wiederhole etwas ausführlicher meine WhatsApp-Antwort und versichere ihr noch einmal, dass es keinen Wettbewerb zwischen meinem Sohn und einer neuen Partnerin geben wird. Dass Lottes Porträt das einzige Foto war, das von meinem Sohn positiv bewertet wurde, verschweige ich lieber. Es wäre eine unpassende Wendung unseres Gesprächs, und vermutlich würde Lotte es mir nicht glauben.

Ich berichte von meinen Erfahrungen nach neun Tagen Mitgliedschaft und füge hinzu, dass ich mir keine Vorstellung über den Zeitaufwand gemacht habe, den die Präsenz im Dating-Portal erfordert. Lotte stimmt mir zu und gibt dabei zu erkennen, dass sie deutlich weniger Kontaktvorschläge erhalten hat als ich, sie jedoch auch recht viel Zeit in die Konversation investiert hat. Sie ist bereits seit einigen Monaten Mitglied und bestätigt damit meine bisherige Erwartung, dass es doch viel Zeit und Geduld erfordert, bis man den Menschen gefunden hat, der zu einem passt und der zudem das gleiche Interesse verspürt, den anderen kennenzulernen.

Unser Gespräch wird immer vertrauter. Wir diskutieren die Profilfragen und welche Einschätzungen wir dabei ausgewählt haben. Ich klage ein wenig über die vorformulierten Auswahlantworten, von denen ich teilweise keine als mit meiner Meinung übereinstimmend empfunden habe. Mitunter fiel meine Auswahl auf eine Aussage, die meiner Auffassung noch am nächsten kam, aber nicht wirklich meiner Intention entsprach. Ich gebe freimütig zu, dass die Auswertung meines Persönlichkeitsprofils mich wirklich gut getroffen hat und ich mich darin auch wiedererkenne. Ich erlaube mir daher die Aussage, dass die Suchmaschine unseres Anbieters schon sehr professionell arbeitet und durchaus Menschen zusammenbringt, die grundsätzlich zueinanderpassen, »… wenn die Chemie stimmt!«, fügt Lotte nahtlos an. Ja, wie sehr sie damit recht hat! Die Suchmaschine kann sicherlich vieles leisten. Am Ende steht aber immer noch die freie Willensentscheidung zweier Menschen, die aufeinander zugehen und zueinander Ja sagen müssen. Damit meine ich natürlich nicht das Standesamt, sondern den Aufbau einer Beziehung »quasi aus dem Nichts heraus«. Auch darin stimmen wir überein.

»Wie schön!«, denke ich zwischendurch. Irgendwie erscheint es uns wie ein Wunder, dass die Kombinatorik eines Computers in der Lage ist, Menschen füreinander zu interessieren. Letztlich kennen wir unser Gegenüber nur ansatzweise, und möglicherweise jagen wir einer Fiktion hinterher, denn wir können nicht einschätzen, ob der Partner oder die Partnerin sich in Wirklichkeit so verhält, wie wir es anhand des selbst erzeugten Bildes von ihm oder ihr erwarten.

Mir geht der Gedanke durch den Kopf, dass die Suchmaschine auch ganz und gar »unpassende« Menschen zusammenbringt, wenn einer von beiden völlig falsche Antworten auf die Profilfragen gegeben hat, um im Persönlichkeitsprofil attraktiver zu erscheinen. Gewiss vermittelt ein angemessener Grad an Übereinstimmung eine subjektive Sicherheit in der Wahrnehmung des anderen. Da nicht sein kann, was nicht sein darf, unterstellen wir in guter Absicht die Richtigkeit der Kontaktvorschläge und der Matchingpoints, ohne dies überprüfen zu können. Insofern setzt Online-Dating auch eine gehörige Portion an Zuversicht und Vertrauen voraus. Letztlich geht es einem wie auf einer kurvenreichen Landstraße mit einem entgegenkommenden Lkw. Wir vertrauen darauf, dass der Fahrer auf seiner Spur bleibt und den Mittelstreifen nicht überfährt. Hoffen wir also, dass es sich im Online-Dating vergleichbar verhält.

Bei Lotte habe ich den Eindruck, dass sie ähnliche Gedanken hegt wie ich. Wir wissen beide nicht, ob unsere Erwartungen und Hoffnungen sich erfüllen werden, aber wir geben die Zuversicht nicht auf. Diese positive Haltung vermittelt mir Lotte im Telefonat. Ebenso gewinne ich den Eindruck, dass auch sie Gefallen an unserem Gespräch findet und ehrlich an mir interessiert ist, so wie ich zunehmend den Wunsch verspüre, die Frau mit dieser fröhlichen Stimme und ihren einfühlsamen Worten näher kennenzulernen.

Die Kommunikationsbereitschaft ist bei jedem Menschen ganz unterschiedlich ausgeprägt, dazu kommen die nonverbalen Botschaften. In der Regel wählen wir in einer Unterhaltung ein Thema aus, zu dem wir auch etwas zu sagen haben. Wenn wir unser Gegenüber noch nicht wirklich kennen, sollten wir uns in Themen, über die wir sprechen, sicher fühlen. Dann werden wir auch Leichtigkeit ausstrahlen, und es wird zu einem Austausch kommen, der etwas von uns erzählt.

Manche Menschen telefonieren nicht gern, dann sollte man sich bei gegenseitigem Interesse lediglich zu einem persönlichen Treffen verabreden und ein Telefongespräch nicht zwanghaft fortsetzen. Ihr werdet merken, ob ihr die gleiche »Sprache« sprecht. Die nonverbalen Botschaften kommen besonders im persönlichen Treffen hinzu. Ob sich mehr Interesse füreinander entwickelt, werden aber auch schon beim Telefonat die Sprachmelodie, der Dialekt, die Stimmfarbe und der sprachliche Ausdruck entscheiden. Die Sprache ermöglicht die Übermittlung von Wünschen, Gefühlen sowie Erwartungen. Dennoch gibt es auch Verbalakrobaten, die ihre Schwachstellen, Defizite und Probleme hinter einer gewissen Wortgewandtheit verbergen. Andere wiederum sind geübt im Smalltalk, und jedes Gespräch wird bei ihnen zu einer gekonnten Konversation.

Tipps für das erste Gespräch beziehungsweise Telefonat

- Die jeweilige Gesprächszeit sollte in etwa gleich verteilt sein.
- Stelle offene Fragen, damit dein Gesprächspartner erzählen kann und nicht nur mit Ja und Nein antwortet.
- Du solltest keinen Monolog halten, denn dann kommen Müdigkeit und Langeweile auf.
- Einfühlungsvermögen schafft Verbindung.
- Du solltest aktiv zuhören und nicht gleich Lösungen präsentieren.
- Der respektvolle Umgang öffnet das Interesse füreinander.
- Vermeide Verallgemeinerungen wie »immer«, »alle«, »ständig« oder »dauernd«.
- Verwende positive Wörter und Formulierungen.

Spontane Verabredung zum Abendessen

Ich wende unser Gespräch in Richtung Verabredung und frage an, ob wir uns nächstes Wochenende zu einem Abendessen treffen wollen, zu dem ich sie gern einladen möchte. Ich erwähne beiläufig, dass wir ja in einer überschaubaren Entfernung zueinander leben, und frage, ob ein Abendessen auch in ihrem Sinne sei und ob der Channel Hamburg-Harburg für sie ein vorstellbarer Treffpunkt wäre, weil sich dort zwei sehr gute Restaurants befinden und zudem ein öffentliches Parkhaus jegliches Parkproblem löst.

Lotte stimmt mir zu, überrascht mich aber mit der Aussage, dass sie auch heute Abend Zeit für ein Abendessen hätte und wir doch nicht bis zum kommenden Wochenende warten müssten. Darüber hinaus findet sie auch ein bestimmtes italienisches Restaurant in der Nähe sehr empfehlenswert.

Ich bin geplättet. Da versuche ich gerade, ganz vorsichtig vorzufühlen, ob ein gemeinsames Abendessen nach nur einem Telefonat in Ordnung sei, und dann kommt meine Telefonpartnerin gleich mit Vollgas um die Kurve und schlägt noch ein Treffen am selben Abend vor. »Hoppla«, geht es mir durch den Kopf, »das war jetzt offenbar ernst gemeint!« Es gibt nicht viele Momente in meinem 59-jährigen Leben, die dazu angetan waren, mich aus der Fassung zu bringen. Aber einen solchen Moment erlebe ich jetzt. Ich bin – ganz gegen meine Gewohnheit – aber überhaupt nicht aufgeregt, sondern sehr entspannt und gelassen. Diese innere Ausgeglichenheit verdanke ich der so empathisch auf mich wirkenden Lotte. In den vergangenen sechzig Minuten unseres Telefonats ist jede innere Anspannung einem Gefühl gewichen, als ob Lotte und ich schon jahrelang miteinander bekannt wären.

Dieses gute Gefühl lässt mich sehr locker antworten: »Wenn du heute Abend Zeit hast, muss ich nicht lange darüber nachdenken. Bitte lass mich kurz herausfinden, in welches Restaurant wir heute Abend gehen können, und ich rufe dich zurück.«

Wir unterbrechen unser Telefonat, und ich eile an den Rechner zurück. Ich rufe in beiden Restaurants im alten Harburger Hafen an. Das erste ist wegen Umbaus geschlossen und das zweite heute Abend ausgebucht. So ein Mist. Da bekomme ich das spontanste Date meines Lebens angeboten, und ich finde kein vernünftiges Restaurant für unser erstes Zusammentreffen. Nach einer schier unglaublichen Glückssträhne soll deshalb mein Date heute Abend platzen? Ich werde wahnsinnig. Schnell suche ich die Adresse des italienischen Restaurants, das Lotte vorgeschlagen hat und von dem ich noch nie etwas gehört habe. Was soll's? Lotte findet es offenbar sehr gut, dann soll es an mir nicht scheitern. Ich rufe an, höre ein vielstimmiges Geräusch im Hintergrund und eine sympathische Stimme mit italienischem Akzent, die mich begrüßt. Ich sage meinen Spruch auf und frage nach einem Tisch für zwei Personen. Die Antwort kommt sofort: »Signore, wir sind heute Abend ausgebucht. Es tut mir leid.«

Doch dieses Mal lasse ich mich nicht so schnell abwimmeln. Ich frage nach: »Hören Sie, es ist für mich sehr wichtig! Ich habe heute Abend mein erstes Date, und das hat sich gerade erst ergeben. Die Dame, die ich gleich treffe, hat Ihr Restaurant vorgeschlagen, und es ist mir völlig egal, wo Sie uns unterbringen, aber ich brauche bitte ganz dringend zwei Plätze. Es geht um eine Herzensangelegenheit, und bitte lassen Sie mich jetzt nicht im Stich!«

Ich werde um einen Augenblick Geduld gebeten und höre eine Diskussion in italienischer Sprache im Hintergrund. Dann meldet sich die freundliche Stimme wieder: »Okay, Signore, aber Sie müssen um Punkt acht Uhr hier sein, sonst muss ich den Tisch anderweitig vergeben. Haben Sie das verstanden?«

Ich bedanke mich und gebe meinen Namen und meine Mobiltelefonnummer durch. Mit dem Spruch »Sie retten gerade diesen Abend für mich!« lege ich auf.

Ich rufe wieder bei Lotte an. »Na, das hat aber lange gedauert!«, werde ich begrüßt. Ich erkläre den Ablauf der letzten fünfzehn Minuten und schließe mit den Worten: »Aber ich habe einen Tisch um 20.00 Uhr bei ›Bruno‹ reservieren können. Ich hoffe, du schaffst das bis dahin. Wenn wir den Tisch nicht bis 20.00 Uhr belegen, wird er anderweitig vergeben. Für mich ist das kein Problem, denn von mir aus bin ich in circa zwanzig Minuten im Restaurant.«

»Ach was«, antwortet Lotte, »das ist ja ein Zufall, denn ich wohne auch ganz in der Nähe.«

»Das ist ja eine Fügung des Schicksals!«, lautet meine Antwort. »Wenn du einverstanden bist, kann ich dich an einem Treffpunkt aufnehmen, und wir fahren gemeinsam zum Restaurant. Und wenn du es möchtest, kannst du mir natürlich auch deine Adresse nennen, dann hole ich dich zu Hause ab, und wir fahren gemeinsam zu ›Bruno‹. Ich bin aber auch nicht enttäuscht, wenn du mit dem eigenen Auto fahren möchtest und wir uns im Restaurant treffen. Schließlich kennst du mich nicht, und ich möchte dich nicht in eine Situation bringen, in der du dich unsicher fühlst. Dafür ist mir unser Treffen heute Abend viel zu wichtig!«, schließe ich meine Ausführungen.

Damit du dich auf das Treffen mit einem dir bis dahin unbekannten Menschen freuen kannst und dich sicherer fühlst, solltest du eine Person deines Vertrauens informieren und ihr den Anlass und den Ort des Treffens nennen. Am besten teilst du deiner Vertrauensperson den Namen und die Mobilfunknummer deiner neuen Bekanntschaft mit.

Tipps für das erste Treffen

- Sei vorsichtig, und vertraue deinem Gefühl: Teile einem Freund oder einer Freundin mit, wo du dich triffst (Adresse, Uhrzeit, eventuell Handynummer des Kontaktpartners).
- Sprich den Zeitpunkt mit ihm/ihr ab, wann du spätestens zurück bist, bei einer Verlängerung des ersten Dates meldest du dich.
- Wenn du öffentliche Verkehrsmittel nutzen willst, solltest du dich vorher über den abendlichen Fahrplan informieren.
- Wenn du mit dem eigenen Auto fährst, solltest du immer auf Sicherheit und Schutz achten. Vermeide es, deinen Kontaktpartner schon beim ersten Treffen im Auto mitzunehmen oder in dessen Auto einzusteigen.
- Eventuell kannst du zuvor Informationen zu deinem Kontaktpartner in den sozialen Medien erhalten, zum Beispiel bei Facebook, Twitter oder Instagram. Gib den Namen einfach mal in eine Suchmaschine ein.
- Für den ersten Abend solltest du gut überlegen, ob ein Besuch des Kontaktpartners in seiner oder deiner Wohnung genug Sicherheit für dich bietet. Wenn ein Kontaktpartner deine Bedenken oder dein Verhalten nicht akzeptiert oder nicht ernst nimmt, dann verabschiede dich. Wer es ehrlich meint, kann dich verstehen und ist auf deine Sicherheit bedacht.

Die Antwort kommt genauso spontan wie der Vorschlag zu unserem heutigen Abendessen: »Och, auf dem Weg fährst du doch sowieso durch meinen Ort, da kannst du mich gerne auch zu Hause abholen. Dann muss ich heute Abend nicht Auto fahren.«

Chapeau, die Frau ist durch nichts zu erschüttern.

»Kannst du mir bitte deine Anschrift mitteilen, damit mein Navigationssystem dich findet?«, frage ich.

Lotte teilt mir fröhlich ihre Adresse mit, und wir verabreden uns für 19.40 Uhr bei ihr.

»Ich freue mich!«, lautet ihre Verabschiedung, und wir trennen zum zweiten Mal heute Abend unsere Leitung.

Es ist 19.15 Uhr, und ich habe noch fünfzehn Minuten bis zur Abfahrt mit dem Ziel »Lotte«. Schnell checke ich noch einmal ihre Adresse in Google Maps und finde sie auch sofort. Nichts wäre mir jetzt peinlicher, als in ihrem Dorf herumzufahren, und mein Navigationssystem kennt die Straße nicht.

Aber so ist alles gut. Ich fahre gerade den Rechner herunter, als mein Sohn wieder nach Hause kommt.

»Bin wieder da!«, lautet sein Willkommensgruß.

Meine Antwort kommt gehetzt: »Ich habe heute Abend noch ein Date in einem Restaurant, und du musst mir bitte helfen!«

»Du triffst eine der Datingfrauen?«, fragt er neugierig.

»Genau!«

»Die Nette?«

»Ja, wen sonst?«

»Sehr gut!«

»Ich habe fünfzehn Minuten fürs Rasieren, Duschen und Anziehen«, gebe ich zurück. »Kannst du mir bitte Sachen herauslegen? Hemd, Chinos und Sakko. Ich ziehe die rotbraunen Schuhe an«, stoße ich noch hinaus.

Kleidung, Geschenke und vieles mehr beim ersten Date

Geschenke bei solchen Gelegenheiten sind heute kaum noch üblich, aber schau, ob es zu dir passt. Für mich wäre es befremdlich, bei oder nach dem Date ein Geschenk zu erhalten, für meine Tochter mit ihren 25 Jahren aber wäre es eine nette Geste, über die sie sich freuen würde, wenn der Kontaktpartner ansprechend ist.

Die Rollenverteilung sollte dir entsprechen. Sie hängt von deinen Einstellungen, deinem gesellschaftlichen Bild und deinen Erfahrungen ab. Zeig dich authentisch, nur so kannst du die/den zu dir passende(n) Partner(in) überzeugen. Wenn du bei eurem ersten Treffen eine Rolle spielst, wird es dein Leben anstrengend machen, und du wirst den Partner verlieren. Sei ehrlich zu dir und deinen Kontaktpartnern, dann wirst du die Treffen entspannt und mit Leichtigkeit meistern.

Nimm dir vor eurem ersten Zusammentreffen ausreichend Zeit für ein besonders gepflegtes Erscheinungsbild. Achte neben einer sorgfältigen Körperpflege auch bei der Auswahl deiner Kleidung darauf, dich vorteilhaft zu präsentieren. Das bedeutet nicht, dass du dich verkleiden musst, sondern dass du dich dem Anlass und dem Ort des Treffens entsprechend anziehen und dabei wohl und authentisch fühlen solltest. Dein Auftreten, deine Umgangsformen, deine Achtsamkeit und die Gesprächsthemen sagen deinem Gegenüber viel über dich, du erzählst damit deine ganz eigene Geschichte.

Das Treffen muss auch nicht in einem noblen Restaurant stattfinden. Manchmal ist ein Treffen im Café oder in der Eisdiele genau richtig für dich oder aber ein Spaziergang in der Natur, in der Stadt oder im Park. Auch hier gilt: Es muss zu dir, deinen Vorlieben und finanziellen Mitteln passen.

Mein Sohn rast in mein Schlafzimmer. Ich schreibe schnell einige Zeilen an Lotte auf die im Münchener Flughafen gekaufte Karte und schlage vor, dass wir bei gegenseitiger Sympathie doch irgendwann einmal ein Wochenende gemeinsam verbringen könnten und der Reiseführer »Prag« vielleicht ein akzeptables Ziel beschreiben würde.

Schnell packe ich alles ein. Ich renne ins Bad und komme nach wenigen Minuten frisch rasiert und geduscht wieder heraus. Mein Sohn hat inzwischen mein Outfit zusammengestellt. Ich putze noch schnell meine Zähne, trinke ein Glas Wasser und schlüpfe in die bereitliegenden Sachen. Es ist ein kühler, aber regenfreier Abend. Ich verzichte daher auf meinen Kurzmantel und springe ins Auto. Das Navigationssystem benötige ich nicht, denn ich kenne den Weg zu Lottes Adresse nun schon auswendig.

Um 19.25 Uhr lege ich mein kleines Geschenk in die Seitenablage der Fahrertür und verlasse mein Grundstück. Ich bin auf dem Weg zu meinem ersten Date, und das neun Tage nach meiner Anmeldung im Online-Dating. Das Tageslicht weicht bereits der Dämmerung, und in diesem weichen Licht der untergehenden Sonne im Rücken fahre ich zu Lotte.

Wie im Zeitraffer laufen die neun vergangenen Tage noch einmal vor meinen Augen ab. Da sitze ich am Freitagnachmittag und melde mich im Dating-Portal an. Ich gebe meine Daten ein und suche nach schönen Texten für die von mir ausgewählten Fragen. Schließlich bekomme ich meine Kontaktliste und beginne Hals über Kopf mit der Kommunikation zu den Frauen, deren Profil mich spontan angesprochen hat. Kurze Zeit später werde ich von Lotte angelächelt, und aus diesem Kontakt hat sich während meiner Amerikareise eine sehr nette und zwanglose Kommunikation ergeben. Heute Abend haben wir zum ersten Mal miteinander telefoniert, und ich bin jetzt – zwei Stunden nach dem Beginn unseres Telefonats – auf dem Weg zu ihr und zu einem gemeinsamen Abendessen. Wenn die bisherigen Tage schon so gut waren, wie wird dann dieser Abend enden? Ich habe keine Vorstellung.

»Wenn ich diese Geschichte einmal erzähle, halten mich alle für verrückt oder für einen Aufschneider, aber glauben wird mir das keiner!«, geht es mir durch den Kopf. Die letzten zwei Stunden haben das Potenzial, in die »Top-five«-Erlebnisse meiner Biografie zu gelangen, zu denen ich nach meinem Studium die Einstellungszusage meines »Wunscharbeitgebers« zähle, die Liebeserklärung meiner verstorbenen Frau und die Möglichkeit, bei der

Geburt meines Sohnes dabei zu sein und sein Leben vom ersten Atemzug an begleiten zu können.

Natürlich gehört dazu auch die traurigste Stunde meines Lebens, in der ich loslassen und Abschied nehmen musste. Ich erinnere mich an den Wunsch meiner Frau, die mir in ihrer ausweglosen Situation eindringlich geraten hat, mein Leben nicht allein zu verbringen, sondern mich nach einer neuen Partnerin umzusehen. Der Gedanke daran treibt mir die Tränen in die Augen. Die Erinnerungen an dieses Gespräch sind noch zu frisch, als dass ich sie einfach zur Seite schieben kann. Ich wische meine Tränen weg, und meine positive Stimmung ist wieder da, während ich den Ortsausgang meiner Stadt passiere.

Jetzt noch einige Kilometer Landstraße, dann bin ich bei Lotte. Meine Gedanken sind wieder bei ihr. Ich bin mit mir im Reinen und blicke mit Herzklopfen meinem Date entgegen. Ich bin mir hundertprozentig sicher, das Richtige zu tun. Ich habe keine Zweifel und kein schlechtes Gewissen. Ich möchte meine Zukunft wieder in die Hand nehmen und mich in mein neues Leben stürzen. Vielleicht stolpere ich, oder ich falle hin. Kein Problem für mich. Ich will wieder leben und das Leben in allen Facetten spüren. Ich kann mit Enttäuschungen umgehen und mich an schönen Dingen erfreuen. Ich genieße die reine Luft der Nordheide, den schönen Sonnenuntergang und das vor mir liegende Treffen mit einer Frau, die mich nicht kennt und die ich nicht kenne. Uns verbinden

97 Matchingpoints, einige Sätze, die wir über den Atlantik hin- und hergeschrieben haben, während wir 8000 Kilometer voneinander entfernt waren. Und vor einer halben Stunde haben wir herausgefunden, dass uns weniger als sechs Kilometer Luftlinie voneinander trennen. Obwohl wir samstags denselben Markt meiner Kleinstadt besuchen, haben wir uns in den vergangenen zwanzig Jahren nie gesehen. Wir sind beide unfreiwillig zu Singles geworden und haben Enttäuschungen verkraften müssen. Aber wir sind offenbar beide gestärkt daraus hervorgegangen. Wir haben den Glauben an ein glückliches Leben nicht aufgegeben, und wir sind beide Suchende, die im Labyrinth des Lebens den richtigen Weg finden wollen. Wir sind beide spontan, ja vielleicht in unserem Alter schon ein wenig verrückt und sehr unkonventionell. Wir haben vor dreißig Minuten beschlossen, dem jeweils Anderen eine Chance einzuräumen. Eine Chance, unser Herz zu berühren und diesen Abend zu einem unvergesslichen Erlebnis werden zu lassen.

Die scharfe Rechtskurve vor dem Ortseingang holt mich in die Realität zurück. Wenn ich nicht aufpasse, endet dieser Abend im Krankenhaus und nicht im Restaurant. Ich fahre meine Euphorie wieder auf das Normalmaß herunter. Warum sollte das erste Kennenlernen mehr sein als ein freundlicher Abend unter zwei reifen Erwachsenen, die genügend Gründe besitzen, sich einander mit aller Vorsicht zu nähern und nicht gleich in Euphorie zu verfallen? Da Lotte schon einige Monate im Online-Dating Erfahrungen gesammelt hat, wird der heutige Abend nicht ihr erstes Treffen mit einem partnersuchenden Mann sein. Und da sie so spontan meiner Einladung gefolgt ist und gleich Vollgas gegeben hat, dürften die vergangenen Dates für sie nicht erfolgreich gewesen sein. Kein Problem für mich, vielleicht ein Glücksfall für sie und für mich – wer weiß?

Ich fahre zu ihrem malerischen Haus vor, dessen Außenbeleuchtung bereits eingeschaltet ist und mir signalisiert: »Fremder, du bist hier willkommen!« Wie gut, dass ich mit meinem Auto morgens noch in der Waschanlage gewesen bin und den Innenraum blitzblank gereinigt habe. So fahre ich mit einem glänzenden Auto vor, in dem ich auch den Bundespräsidenten befördern könnte.

Lottes Hauseinfahrt ist großzügig ausgelegt. Ich halte mit ordentlichem Abstand zu ihrer Haustür und bin mit wenigen Schritten an ihrer Türklingel. Ich läute und trete zwei Schritte zurück. Es soll nicht nach einem Überfall aussehen, und obendrein möchte ich Lotte auch die Chance geben, mich einmal von Kopf bis Fuß zu betrachten, bevor sie aus dem Haus tritt. Die Haustür öffnet sich, und mit einem schelmischen Lächeln schaut mich eine fröhliche Frau mit blonden Haaren und einem klaren Blick ihrer grünblauen Augen an. Sie trägt ein herbstfarbenes Kleid und einen beigen Mantel.

»Hallo, Lotte, wie schön, dass wir uns so spontan verabreden konnten. Ich freue mich auf unseren gemeinsamen Abend«, lauten meine Begrüßungsworte.

Lotte kommt auf mich zu, blickt mir lachend in die Augen und sagt: »Ja, ich kann manchmal schon sehr spontan sein. Ich hoffe, du kannst damit umgehen!«

Sie schließt ihre Haustür ab, und ich öffne ihr die Beifahrertür, damit sie leichter einsteigen kann. Sie rafft ihr Kleid, ich schließe die Tür und gehe um mein Auto herum. Im Auto sitzend, schauen wir uns an.

»Na, dann fahr mal los!«, lautet ihre Aufforderung.

Ich lege den Rückwärtsgang ein, manövriere meinen Wagen vorsichtig aus ihrer Grundstückseinfahrt und wende in ihrer Sackgasse. Wir liegen gut in der Zeit und fahren durch ihren Ort in Richtung »Bruno«. Während der Fahrt plaudern wir genauso munter weiter wie während des Telefonats am späten Nachmittag. Ich gebe ganz offen zu, das Restaurant nicht zu kennen, aber Lotte weiß den Weg und ist sichtlich erfreut, dass es gelungen ist, den heutigen Abend mit mir verbringen zu können: »Ich wollte den Samstagabend eigentlich nicht allein zu Hause sein, daher fand ich deinen Vorschlag für ein Abendessen sehr schön und habe mir gedacht: ›Warum dann nicht gleich heute Abend?‹«

»Ja, das war eine gute Idee, denn es wäre schon irgendwie komisch gewesen, wenn wir noch eine Woche weiter gechattet hätten, nur um die Zeit bis zum nächsten Wochenende irgendwie zu überbrücken. Da ist unser heutiges Treffen doch ganz klar die bessere Option. Und es hat ja geklappt. Also genießen wir unseren Abend und ein gutes Abendessen.«

Wenige Minuten später erreichen wir das in einer Nebenstraße gelegene Restaurant. Die Parkplätze davor sind schon belegt. Die dort geparkten Fahrzeuge signalisieren mir, dass die Gäste des Restaurants offenbar Geschmack besitzen. Ich lasse Lotte aussteigen, damit sie nicht durch den mit Pfützen übersäten Außenparkplatz laufen muss, finde noch eine halbwegs trockene Grasfläche und parke mein Auto. Mit schnellen Schritten eile ich zu Lotte, und wir betreten das Restaurant.

Der Kellner schaut mich bei der Nennung meines Namens durchdringend an und geleitet uns zu einem kleinen Tisch für zwei Personen, der an einer Betonsäule steht und den Punkt bezeichnet, an dem sich zwei Restaurantgänge treffen. Immerhin, wir haben ein Tischlein für uns, dafür viele Gäste vor und hinter uns, die mit einem gewissen Interesse zuschauen, welche bedauernswerten Personen denn an diesem Tisch platziert werden. Ich helfe Lotte aus dem Mantel und reiche ihn an den Kellner weiter, der daraufhin in der Garderobe verschwindet. Ich biete Lotte die Auswahl ihres Platzes an und ziehe ihren Stuhl etwas zurück, damit sie anschließend Platz nehmen kann. Die Gäste im Umfeld betrachten uns mit einer Mischung aus Mitleid und Neugierde. Mitleid, weil unser Tisch nicht gerade eine Zierde des Hauses darstellt, und Neugierde, wer wohl das Paar sein mag, das so fröhlich und fürsorglich an diesem Tisch Platz nimmt. Der Kellner erscheint mit den Speisekarten und fragt, ob wir zu Beginn einen Aperitif nehmen wollen. Ich bin zwar Autofahrer und muss daher mit Alkohol sehr zurückhaltend sein, andererseits könnte eine Ablehnung von Lotte als Geiz ausgelegt werden. Der Ober schlägt einen Aperol Spritz vor, und da ich ein zustimmendes Lächeln bei Lotte erkenne, entscheiden wir uns für zwei Aperol, die auch sensationell schnell an unseren Tisch gebracht werden.

Beim ersten Date läuft dein Wahrnehmungssystem auf höchster Stufe, um möglichst viele Informationen aufzunehmen. Du nimmst Sinnesreize wie Gerüche, Blicke, Sprachmelodie, Aussehen und vieles mehr wahr. Die Sinnesorgane geben dir Informationen, und du reagierst ganz automatisch darauf. Dieses Zusammenspiel der Sinne kann in dir ganz positive, warme, beglückende und berührende Gefühle hervorrufen. Aber auch Ablehnung, Angst und Vorsicht sind Gefühle, die spürbar werden können.

Wir nehmen ständig wahr und können diesen Vorgang der Wahrnehmung auch nicht bewusst oder unbewusst stoppen. Wir werden von unseren sechs Sinnen in jeder Sekunde mit einer unbeschreiblichen Menge an Informationen versorgt. Vor allem unsere früheren Erfahrungen beeinflussen unsere Wahrnehmung. Wenn wir Hunger haben, riechen wir Essensgerüche intensiver, zum Beispiel ruft der Duft nach Plätzchen bei den meisten Menschen Gefühle aus der Kindheit wach. Das Wahrnehmungssystem täuscht uns nicht, du kannst dich fast immer darauf verlassen.

Der Geruchssinn wirkt direkt auf das limbische System, es werden unmittelbar Gefühle hervorgerufen, um schnell handeln zu können. Der Geruchssinn hat durch seine Schnelligkeit eine schützende Funktion und eine ausschlaggebende Bedeutung bei der Partnerwahl. In unserem Gehirn werden die Reize strukturiert, analysiert und fusioniert. Daraus ergeben sich dann Verzahnungen, Assoziationen und Erinnerungen; es beginnt ein Zusammenfügen, Kombinieren und Urteilen. Damit wird die Entscheidung für oder gegen einen Partner in Sekunden getroffen. Wenn der Geruch dir angenehm ist, das Aussehen dich anspricht, funkelnder Blickkontakt zwischen euch entsteht, die Sprachmelodie für deine Ohren Musik ist und der Händedruck angenehm war, kann sich aus dem ersten Date viel Gutes entwickeln. Die Grundlagen sind geschaffen, der Verstand spielt eine Nebenrolle.

Der Geschmackssinn kommt später dann beim innigen Küssen hinzu: Welche Reize nimmst du wahr? Ist der Kuss zärtlich, liebevoll, sinnlich, leidenschaftlich, fordernd oder unangenehm? Ein Kuss ist mit vielen unterschiedlichen Gefühlen verbunden, denn unsere Lippen und unsere Zunge verfügen ebenfalls über zahlreiche Nervenbahnen.

Alle Partnersuchenden haben unterschiedlich ausgeprägte Sinnesorgane, also jeweils eine andere Wahrnehmungsintensität. Der abstrakt Wahrnehmende sieht ein Feld mit Tulpen als Einheit, der konkret Wahrnehmende sieht jede einzelne Tulpe des Feldes. Auf die Situation des Kennenlernens übertragen, bedeutet dies, dass der abstrakt Wahrnehmende sein Gegenüber als Gesamtbild oder Zusammenschau aller Sinneswahrnehmungen erlebt, der konkret Wahrnehmende aber jeden Sinnesreiz einzeln wahrnimmt. So kann es beim konkret

Wahrnehmenden sein, dass die schwitzigen Hände oder der lasche Händedruck ausschlaggebend für die Beurteilung sind. Die Entscheidung deines Kontaktpartners für oder gegen weitere Treffen mit dir hat also nicht nur allein mit deiner Person zu tun, sondern immer auch mit den Wahrnehmungsempfindungen und der Lebensgeschichte deines Kontaktpartners.

Deine Wahrnehmungen sind keine Tatsachen, sondern die Sinneseindrücke werden mit Erfahrungen aus früheren Erinnerungen, die im Gehirn und im übrigen Körper abgespeichert sind, vermischt und auf diese Weise in kürzester Zeit bewertet. Du musst schauen, wer zu dir passt: Wie viel Toleranz bringst du für deinen Partner auf, was ist für dich ein No-Go? Wie hast du dich mit den Eindrücken und Sinnesreizen gefühlt? Vielleicht wirst du beim ersten, zweiten oder einem weiteren Treffen eine Explosion der Sinneswahrnehmungen spüren, aber vielleicht auch ganz andere gute Erfahrungen sammeln. All dies beeinflusst deine Entscheidung, wie du deinem Gefühl und deinen Wahrnehmungen folgst.

Wir erheben unsere Gläser und prosten uns zu. »Auf einen schönen Abend«, hebe ich an.

Und Lotte antwortet: »Ja. Und vielen Dank für deine Einladung! Ich würde mich aber gerne an der Rechnung beteiligen.«

Meine Antwort ist eindeutig und klar: »Das ist sehr nett von dir, Lotte. Aber wenn ich dich einlade, dann sieht es doch komisch aus, wenn ich dich anschließend die halbe Rechnung bezahlen lasse. Zum nächsten Abendessen kannst du mich gern einladen; und sollte es dazu nicht kommen, nehme ich das Risiko, dich heute eingeladen zu haben, gern in Kauf.« Damit ist die »Political Correctness« wiederhergestellt.

Ich bin beeindruckt, mit welcher Nonchalance und Sanftheit Lotte gleich zu Beginn das Thema Rechnung angesprochen hat. Ich denke, wir haben einen guten Kompromiss gefunden, um das Thema nicht zu einer Belastung werden zu lassen.

Der Kellner reicht uns die Speisekarten, und wir unterbrechen unser Gespräch, um die Auswahl zu treffen. Wir entscheiden uns für das Vorspeisenarrangement und unseren Hauptgang. Dazu nehmen wir eine Flasche guten Rotweins und stilles Wasser.

Ich probiere den Rotwein und stelle meinen Aperol Spritz zur Seite. Der Rotwein ist ein kräftiger Cabernet Sauvignon mit einer dezenten Note von Beeren und Kirschen. Er passt hervorragend zu unserem Essen. Lotte und ich konzentrieren uns auf die exzellenten Vorspeisen. Wir sprechen über unsere kulinarischen Vorlieben und widmen uns den Köstlichkeiten auf dem Teller mit den Antipasti. Der Kellner schenkt Wein und stilles Wasser nach. Ich stelle zu meiner Freude fest, dass die Aufmerksamkeit unserer Tischnachbarn nachgelassen hat und wir trotz der prominenten Sitzposition ungestört sind.

Das Gespräch mit Lotte verläuft sehr harmonisch, und wir spüren beide, wie sehr wir einander zugetan sind. Nach den Vorspeisen gibt uns die Küche Zeit zum

Gedankenaustausch, bevor der Hauptgang serviert wird. Lotte fragt mich, ob ich schon Kontakte zu anderen Frauen aufgenommen habe. Ich antworte wahrheitsgemäß, dass sie von Beginn an in meiner Mitgliederkommunikation eine herausragende Rolle einnahm und ich ihr aus heutiger Sicht dankbar dafür bin, dass sie mich angelächelt hat. Meine Worte zeigen bei Lotte eine mir zu Herzen gehende Reaktion, denn ich stelle fest, dass ihre Augen einen schimmernden Glanz bekommen. Ich werde etwas mutiger und versuche, unsere Gemeinsamkeiten in den Vordergrund zu stellen. Für mich war es eine anrührende WhatsApp-Kommunikation in der vergangenen Woche, die sehr harmonisch verlaufen ist und mir Lotte doch wesentlicher nähergebracht hat, als ich es vermutet hätte.

Lotte wendet erneut ein, dass wir doch gar nicht so viel miteinander gesprochen haben. Ich stimme ihr zu, merke dazu aber an, dass es ja auf die Inhalte ankommt und nicht auf die Länge einer Unterhaltung.

Auf meine Nachfrage nach ihrem Berufsalltag erzählt mir Lotte von ihren Werbeaktivitäten für diverse Modemarken und vermittelt mir ein wenig Hintergrundwissen aus einer für mich völlig unbekannten Branche. Sie gewährt mir auch einen Einblick in ihre familiäre Situation. Ihre Augen leuchten, wenn sie von ihren Kindern spricht. Ich bin zunehmend beeindruckt von der Warmherzigkeit und Herzlichkeit meiner Online-Bekanntschaft, die so natürlich und ungekünstelt wirkt. Ich habe zugleich den

Eindruck, dass Lotte mich auch sympathisch findet und mir deshalb Vertrauen entgegenbringt.

Wie dein Gegenüber über sein äußeres Umfeld wie zum Beispiel seine Kinder, Familie, frühere Partner, Freunde und Beruf spricht, verrät dir viel über seine Lebenseinstellung. Vorrangig negative Darstellungen, besonders bezüglich anderer Menschen, sprechen eher für ein geringes Selbstwertgefühl. Wer sich über die Unzulänglichkeiten anderer auslässt, versucht, die eigenen Verletzungen zu verstecken und sich selbst zu stärken. Gerade beim ersten persönlichen Kennenlernen ist es nicht klug, sein Seelenleiden, seine Sorgen und schlimmen Erlebnisse mitzuteilen. Ein erstes Date ist kein Termin bei einem Therapeuten. Stattdessen geht es um ein Kennenlernen auf emotionaler Ebene mit einer Person, die als eventueller Partner geschätzt werden möchte. Teile positive Erfahrungen mit, vielleicht etwas über deine Freuden, Glücksmomente und schönen Erlebnisse. So stellst du deine lebensfrohe und offene Seite dar.

Manchmal setzt man sich durch die Vorstellung, einander gegenüberzusitzen und keine Idee für einen Gesprächsbeginn zu haben, unter Druck, und wie automatisch kommen dann die Belastungen zur Sprache. Damit du dich entspannen kannst und die Gesprächssituation für dich positiv verläuft, haben wir im Folgenden eine Auswahl an möglichen Themen zusammengestellt.

Tipps für Gesprächsthemen

Zum Beginn des Treffens kannst du, sozusagen als Warm-up, circa fünf bis zehn Minuten ein Gespräch über eher banale Fragen ohne persönlichen Inhalt führen. Mögliche Themen: das Wetter, der Ort des Treffens, die Verkehrssituation, die Anfahrt oder andere allgemeine Fragen. Dem Smalltalk können etwas privatere Themen folgen, in einem Restaurant zum Beispiel die Vorliebe für bestimmte Speisen, Essgewohnheiten, kulinarische Erfahrungen in anderen Regionen, Hobbys und so fort. Weitere mögliche Themen für den Verlauf des Treffens können sein:

- Kino, Filme, Serien, Lieblingsschauspieler(innen),
- Musik, Lieblingsmusik, Sänger oder Musikgruppen,
- Unternehmungen, Reisen, Städtetrips, Lieblingsstädte,
- Humor, was wen zum Lachen bringt,
- Hobbys, Interessen,
- Beruf, jetzige Tätigkeit,
- Glücksmomente.

Persönlichere und besonders emotionalere Themen sollten nur angesprochen werden, wenn »die Chemie stimmt« und »positive Schwingungen« das Treffen begleiten. Um dein Gegenüber nicht mit Fragen in Verlegenheit zu bringen, kann es hilfreich sein, allgemeiner formulierte, offene Fragen zu stellen, etwa statt »In welche Konzerte gehst du?« eher »Gehst du gern ins Konzert?«. Außerdem kann es helfen, etwas von dir selbst preiszugeben, damit dein Gegenüber sich traut, von sich zu erzählen, zum Beispiel: »Ich esse nicht gern Fisch. Gibt es auch etwas, das du nicht magst?«

Der Hauptgang wird serviert, und wir speisen mit sichtlichem Genuss. Ich proste Lotte erneut zu und sage ihr, dass dieser Abend für mich ein wunderschönes Erlebnis ist und es doch nichts Schöneres gibt, als in ungezwungener Atmosphäre miteinander zu sprechen und den Augenblick zu genießen. Lotte findet unser Zusammentreffen offensichtlich auch berührend, jedenfalls bemerke ich eine signifikante Veränderung in ihrem Verhalten. Auch mich überkommt ganz plötzlich ein bislang nicht gekanntes Gefühl: Ich stelle fest, dass mein Verstand nicht mehr in der Lage ist, die Entwicklung meiner Gefühle zu steuern und unter Kontrolle zu halten. Vielmehr spüre ich, dass mein Herz das Kommando übernommen hat und dabei ist, mir die Entscheidungshoheit über mein Handeln zu entziehen. Lotte zieht mich magisch an, und ich nehme meine Umgebung nicht mehr bewusst wahr. Dieses Gefühl habe ich in solcher Intensität noch nie erlebt. Natürlich war ich als Jugendlicher verliebt und hatte Schmetterlinge im Bauch. Aber die Intensität dieses Augenblicks ist für mich einmalig.

Ich kreuze mein Besteck auf dem Teller und schaue Lotte einfach an, ohne mich zu bewegen oder etwas zu sagen. Vielleicht mache ich gerade ein äußerst dummes Gesicht, aber auch das kann ich nicht steuern, denn auf meiner Kommandobrücke sind zurzeit alle Instrumente ausgefallen. Erstaunlicherweise ist mir diese Situation in keiner Weise unangenehm oder peinlich. Mein Herz ist jetzt Herr der Lage; und wenn ich es richtig verspüre, rast es gerade im Schnellzugtempo auf Lotte zu.

Auch sie hat das Besteck auf ihren Teller gelegt und blickt mich mit einem erstarrten Gesicht durchdringend an. Sie sagt nichts, aber in ihren Augen sehe ich Tränen. Sie wirkt wie paralysiert, so, als ob ihr Körper gelähmt wäre, ihr Verstand aber unter Hochspannung arbeite. Wir schauen uns an, und ich habe den Eindruck, dass in ihrem Körper die gleiche Veränderung eingesetzt hat, wie ich sie verspüre. Offensichtlich haben sich unsere Herzen füreinander entschieden, jedenfalls scheint auch Lottes Herz mit hoher Geschwindigkeit dem meinen entgegenzurasen.

Es kommt mir vor, als ob wir plötzlich zu zwei Hauptdarstellern in einer Hollywoodromanze geworden sind. Ich frage mich, ob ich mich gerade in einer anderen Welt befinde, so surreal erscheint mir diese Situation. Meine Umgebung ist verschwommen und liegt unter einem Schleier. Nur unser Tisch und Lotte sind klar konturiert, hell und frei von Schattierungen. Ich erlebe einen kompletten Kontrollverlust, aber ich empfinde eine unglaubliche Freiheit und Gelassenheit und überhaupt keine Angst in dieser Ausnahmesituation.

Ich kann jetzt alles gewinnen oder alles verlieren. Was soll ich tun, wie soll ich mich verhalten? Ich habe keine

Antworten und kein Patentrezept. Also tue ich das Einzige, was mir in der Situation angemessen und richtig erscheint. Ich strecke meine linke Hand aus mit dem offenen Handteller nach oben und schaue Lotte lächelnd in die Augen. Sie streckt ihre rechte Hand aus, ergreift meine Hand und sieht mir genauso konzentriert in die Augen. So schauen wir uns wortlos an. Ich löse mich aus meiner Starre und finde meine Sprache wieder: »Lotte, was passiert hier mit uns? Ich habe das Gefühl, dass unsere Herzen sich gerade für uns entschieden haben, ohne uns ernsthaft zu fragen!« Lotte nickt und kämpft mit ihrer Rührung. Sie drückt meine Hand, und auch in ihr löst sich offensichtlich die Verkrampfung.

Ich setze nach: »Hast du auch den Eindruck, dass du den Menschen gefunden hast, nach dem du schon so lange suchst?«

Wieder nickt Lotte, und mit einem Lächeln ebbt ihre Anspannung ab. »Ich glaube schon!«, sagt sie, gefolgt von dem Einwand: »Du kennst mich doch noch gar nicht! Wie kannst du dir so sicher sein?«

»Ich hatte schon von der ersten Sekunde an ein so inniges Gefühl und glaube einfach, dass uns das Schicksal zusammengeführt hat. Ich kann es dir nicht logisch erklären, sondern nur mit dem Gefühl im Herzen. Wenn du das auch so empfindest, ist doch alles gut!«

Lotte greift zum Taschentuch und wischt sich zwei Tränen weg. Sie schaut mich ungläubig an und kann es irgendwie nicht fassen, was gerade mit uns passiert ist.

Ich nehme mein Weinglas in die Hand, und wir schauen uns tief in die Augen, während sich unsere Gläser mit einem zarten Ton berühren. »Auf diesen besonderen Abend und alles, was noch vor uns liegt!« – Es ist sicherlich nicht mein bester Wahlspruch, aber in der Situation fällt mir nichts Gescheiteres ein. Lotte stößt mit mir an und schüttelt leicht den Kopf. In unseren Körpern haben wir einen Adrenalinausstoß über uns ergehen lassen, doch der dahinter wartende Fluchtreflex ist nicht eingetreten. Lotte sitzt fest auf ihrem Stuhl, und ich lehne mich entspannt zurück.

»Lotte, ich hatte keine Vorstellung davon, dass wir so einen Moment heute Abend erleben würden. Aber ich bin glücklich, ihn so erlebt zu haben, und es macht mich noch glücklicher, ihn mit dir erlebt zu haben!«

Lotte holt tief Luft: »Ich frage es dich noch einmal: Wie kannst du dir sicher sein, dass ich die richtige Frau für dich bin? Willst du nicht erst noch andere Frauen kennenlernen? Es gibt vielleicht welche, die besser zu dir passen als ich.«

»Lotte, vor vielen, vielen Jahren hast du dich in deinen Mann verliebt und dir auch nicht die Frage gestellt, ob er nicht doch noch eine bessere Frau findet oder du einen besseren Mann!«, merke ich an. »Ich bin überzeugt, dass es neben dir wahrscheinlich auch noch andere Frauen gibt, mit denen ich glücklich werden könnte, wenn ich nach ihnen suchte. Will ich aber nicht, denn ich habe dich gefunden. Ich bin sozusagen ›an meinem Ziel angekommen‹!«

So ganz überzeugt scheint Lotte nicht zu sein. Immerhin macht sie den pragmatischen Vorschlag, unser Essen nicht gänzlich kalt werden zu lassen. So greifen wir wieder zu Messer und Gabel, und auch der Geschmack ist wieder wahrnehmbar. Wir beenden unseren Hauptgang.

Nach diesem unglaublichen Gefühlssturm kommen wir an einem Dessert nicht vorbei. Unsere Körper verlangen nach Zucker, um die Nerven zu beruhigen. Wir wählen die Dessertvariationen und zwei Espressi, mit denen wir uns wie mit einem Digestif fröhlich zuprosten. Das Eis zwischen uns ist gebrochen. Wir kommen uns vor wie zwei Heranwachsende, die einen Lausbubenstreich begangen haben und dabei nicht erwischt worden sind. Wir haben keinen Plan, wissen noch nicht, wie es mit uns weitergeht, und genießen deshalb nur den Augenblick. Es ist das Gefühl, eine schwere Last abgeworfen zu haben und davon befreit in die Zukunft zu schauen.

Solch einen emotionalen »Ausnahmezustand« wie hier erzählt wünscht sich sicher jeder Partnersuchende. So wunderbare Gefühle, einfach dem Herzen vertrauen zu können, wie leicht kann dann das Kennenlernen sein! Unsere Hormone und Botenstoffe helfen uns, solche oder ähnliche Erlebnisse zu spüren. Bei Frischverliebten ist ein Hormoncocktail dafür verantwortlich, dass es zu Berührungen wie dem Halten der Hände kommt oder eine aufgeladene emotionale Atmosphäre spürbar wird. Der Mix an Hormonen besteht zum Beispiel aus Adrenalin, verantwortlich für die beschriebenen »Schmetterlinge im Bauch«,

Oxytocin, einem Bindungshormon, Serotonin, Dopamin, auch »Glückshormon« genannt, und einigen mehr. Das Gefühl der Liebe wird von den Hormonen und Botenstoffen gesteuert, die Intensität der Gefühle und Wirkung der Hormone ist bei jedem Menschen jedoch unterschiedlich ausgeprägt. Nicht jeder Partnersuchende wird diese Explosion der Gefühle erleben, und dennoch kann auch mit einer geringeren Intensität an schönen Gefühlen oder durch einen Gefühlsaufbau über längere Zeit eine wunderbare Liebe entstehen.

Was auch immer noch passieren mag, ich bin mir sehr sicher, mit Lotte eine zauberhafte Frau gefunden zu haben, die mich fasziniert. Wie gut, dass ich diese Gelassenheit hatte und im entscheidenden Moment offenbar so viel Vertrauen und Zuversicht ausgestrahlt habe, dass Lotte auf ihr Herz gehört und etwaige Bedenken hintangestellt hat. »Wie kannst du dir so sicher sein?«, fragt sie mich wieder.

Meine Entspanntheit kann sie nicht einsortieren. Also hole ich etwas weiter aus: »Lotte, die Zahl meiner Irrtümer, bei denen ich echt danebenlag, ist überschaubar. Wenn ich einfach sage: ›Ich irre mich selten‹, klingt das arrogant, aber tatsächlich besitze ich ein ziemlich gutes Urteils- und Einfühlungsvermögen. Ich bin sicher nicht perfekt und irre mich auch mal, aber bei dir war ich von Anfang an davon überzeugt, dass wir eine echte Chance haben. Alles hat sich so harmonisch und zwanglos entwickelt. Das i-Tüpfelchen war dann dein Vorschlag für unser heutiges Treffen. Den hättest du ja auch nicht gemacht, wenn ich dir gleichgültig gewesen wäre. Also, auch dein Herz hat schon etwas geahnt, was dein Verstand noch nicht gesehen hat.«

Wir genießen das Halbgefrorene aus Beeren, die Buttermilchcreme und die frischen Früchte, die das Dessert so natürlich abrunden. Ich bezahle die Rechnung.

Lottes Kurzmantel übernehme ich aus den Händen des Kellners, der ihn mir mit einem Lächeln aushändigt. Ich helfe ihr in den Mantel, und wir verlassen das Restaurant. Beim Hinausgehen bedanke ich mich noch einmal beim Patron für seine Gastfreundschaft trotz meiner späten Reservierung. Er hält uns die Tür auf und wünscht uns eine gute Nacht. Lotte hakt sich bei mir unter, und mit leichten Schritten erreichen wir die Grasfläche, auf der mein Auto steht. Ich rangiere mein Fahrzeug aus dem Parkplatz, und Lotte steigt trockenen Fußes ein. Wir fahren denselben Weg zurück, der uns wieder zu ihrem Haus bringt. Unterwegs reden wir über uns, über unsere Zukunft und einige weitere Themen, die wir nicht mit anderen teilen wollen.

Es ist 22.45 Uhr, als ich wieder in Lottes Grundstückseinfahrt fahre. Ich stelle den Motor ab und schaue Lotte tief in die Augen. Sie ist ein wenig unsicher, was jetzt geschieht.

Ich greife mit der linken Hand in das Ablagefach der Fahrertür und hole mein hastig gepacktes Päckchen hervor: »Lotte, ich habe wirklich nicht geahnt, dass wir uns heute Abend so nahekommen würden. Ich glaube, wir haben den ersten Schritt in eine gemeinsame Zukunft gemacht. Weil ich mich ja selten irre, habe ich mir gedacht, dass dieser Abend es wert ist, in unserer Erinnerung zu bleiben. So ganz sicher war ich mir natürlich nicht, aber für den Fall, dass mein Wunsch Wirklichkeit werden sollte, habe ich eine kleine und wirklich harmlose Überraschung für dich.«

Lotte ist wirklich überrascht und hat damit nicht gerechnet. »Du musst mir doch nichts schenken! Ich habe gar kein Geschenk für dich. Wie stehe ich denn jetzt da?«, murmelt sie vor sich hin und schaut mich etwas schräg an.

»Das Schöne an einer Überraschung ist doch, dass sie überraschend kommt, oder nicht?«, antworte ich, hüpfe aus meiner Sitzposition und umrunde das Auto, um ihr die Beifahrertür zu öffnen. Lotte steigt aus, ich nehme sie fest in meine Arme und hauche ihr einen Kuss auf die Wange.

»Ich wünsche dir eine gute Nacht, Lotte! Ich werde heute Nacht von dir und diesem wunderbaren Abend träumen. Wollen wir morgen telefonieren?«

In dieser Situation möchte ich Lotte nicht überfordern und in Verlegenheit bringen. Wenn das heute der Beginn einer Beziehung ist, werden wir noch viele Abende miteinander verbringen und alles nachholen können.

Nach unserer Verabschiedung rangiere ich wieder rückwärts aus Lottes Grundstückseinfahrt, während sie mir von der Haustür aus zuschaut. Wir winken uns noch einmal heftig zu, und dann bin ich wieder auf dem Weg zurück zu meinem Haus und zu meinem Sohn.

Was für ein Tag – und vor allen Dingen: was für ein einzigartiger Abend!

Ich betrete mein Haus, und während ich noch meine Schuhe ausziehe, brummt mein Smartphone. Ich habe eine WhatsApp-Nachricht von Lotte erhalten: »Woher wusstest du, dass ich unbedingt nach Prag reisen möchte? Prag kenne ich noch nicht, und deshalb steht die Stadt ganz oben auf meiner Liste. Und ja – ich freue mich darauf, die Stadt mit dir an meiner Seite kennenzulernen. Deine Lotte.«

Ich habe heute Abend schon sehr viel geredet, deshalb fällt meine Antwort kurz aus: »Wie schön! Ich freue mich darauf. Gute Nacht und bis morgen. Joachim.«

Mein Sohn hält sich seltsamerweise zu dieser Zeit schon zu Hause auf und okkupiert das Sofa im Wohnzimmer. Ich schaue kurz durch die Tür, und er bemerkt meine euphorische Stimmungslage. »Na, wie war's mit der Netten?«, fragt er mich ganz unverblümt.

Meine Antwort fällt genauso klar und kurz aus: »Einfach toll – wir mögen uns!«

»Das ging ja schnell«, kommt die Antwort vom Sofa.

»Du sagst es!«, bestätige ich seine Aussage mit einem Lächeln in der Stimme. »Gute Nacht – wir sehen uns morgen«, verabschiede ich mich.

Ich gehe zu Bett. Es war ein sensationeller, gigantischer, superromantischer und nicht wiederholbarer Tag und mit Sicherheit einer der besten Tage meines Lebens.

Ich schlafe sofort ein. Wahrscheinlich habe ich von Lotte und unseren zweieinhalb Stunden bei »Bruno« geträumt, aber ich gebe ehrlich zu, dass ich mich nicht daran erinnere.

Sonntag, 30. Oktober

Ich habe tief und fest geschlafen. Meine ersten Gedanken an diesem Tag gehören Lotte und unserem einzigartigen Erlebnis während des gestrigen Kennenlernens. Was für ein Gefühlssturm hat uns da gleichzeitig durcheinandergewirbelt? Das war ein unglaubliches und wahrscheinlich einmaliges Erlebnis! Diese Welle kam wie ein Tsunami aus dem Nichts, aber nicht mit der zerstörerischen Kraft des Wassers, sondern mit einer Gefühlswelle, die Lotte und mich »voll erwischt« hat. Heute Morgen, mit der Distanz eines wohligen Schlafs, schwanke ich zwischen Begeisterung und Verunsicherung. Ich konnte mir ja viel vorstellen, aber dass ich nach einer Woche Online-Dating mit einer Frau telefoniere, mich am selben Abend mit ihr zum Abendessen verabrede und wir beide uns dann beim Abendessen auch noch für einen gemeinsamen Beziehungsaufbau entscheiden, das hatte dann doch jenseits meiner Vorstellungswelt gelegen.

Bei meinem Arbeitskollegen hat es immerhin auch nur vierzehn Tage gedauert, bis er die Partnerin seines Herzens fand. Wahrscheinlich waren seine Ratschläge doch sehr hilfreich und haben meinen Suchprozess extrem beschleunigt.

Ich mache mich an diesem Sonntagmorgen fertig und bereite das Frühstück vor. Mein Sohn hält es seltsamerweise auch nicht lange im Bett, sodass wir gemeinsam frühstücken können. Ich berichte noch einmal etwas ausführlicher über den gestrigen Abend, ohne jedoch zu sehr in Details zu gehen. Er kann die neue Lage natürlich nicht einschätzen, bleibt aber offen und interessiert. »Kann ich Lotte auch einmal kennenlernen?«, lautet seine erste Rückfrage, die ich natürlich bejahe.

Wir räumen unser Frühstücksgeschirr in die Spülmaschine. Nun bin ich einige Minuten ungestört und rufe Lotte an, die auch sofort abhebt und mir mit ihrer fröhlichen Stimme ein »Guten Morgen, Joachim!« zuruft. Ich bin erleichtert! Sehr weit hinten im Hinterkopf breitete sich schon ein ungutes Gefühl aus: Hoffentlich hat Lotte heute keine anderen Ansichten und Absichten als gestern Abend? Ich frage daher ganz vorsichtig an, ob es ihr in den Tagesablauf passt, wenn ich so gegen 13.30 Uhr noch einmal bei ihr vorbeischaue, nachdem ich meinen Sohn zum Sportplatz gebracht habe.

»Ja klar, komm einfach vorbei, wenn du magst. Ich bin zu Hause, und es kommt nicht darauf an, ob du einige Minuten früher oder später da bist.«

Mir fällt ein Stein vom Herzen. Die Panikattacke konnte abgewendet werden. »Sieht also alles gut aus, junger Mann«, sage ich in Gedanken zu mir selbst und prüfe noch einmal meine Freizeitkleidung. Wenige Minuten später setze ich meinen Sohn am Sportplatz ab und fahre zu Lotte. Mein Sohn will um 16.00 Uhr wieder abgeholt werden. Da bleiben mir gute zwei Stunden für einen Besuch.

Eine Viertelstunde später durchfahre ich erneut das Tor ihrer Grundstückseinfahrt. Ich steige aus und klingele an der Haustür. Heute trete ich nicht vom Eingangspodest herunter, sondern warte an der Haustür, die sich auch schon bald öffnet. Vor mir steht eine fröhliche Lotte, die mir ein herzliches »Komm herein!« zuruft. Ich husche an ihr vorbei, drehe mich um, und wir nehmen uns intuitiv in die Arme. Da ist nichts Fremdes, sondern Vertrautheit und Interesse am Gegenüber. Wir schauen uns lange an.

»Wir sind verrückt«, stellt Lotte mit einem Lachen im Gesicht fest und weist mir den Weg in ihr Haus.

»Ja, das kann man wohl sagen«, lautet meine lapidare Antwort. »Ich bin eigentlich hier, um mich zu vergewissern, dass das, was gestern Abend mit uns passiert ist, heute noch da ist und du mich noch magst und kennenlernen möchtest«, fasse ich etwas unbeholfen den Grund meines Besuchs zusammen.

»Also bei mir ist noch alles so wie gestern; und wenn das bei dir auch der Fall ist, dann ist es doch für uns beide schön«, lautet die erlösende Antwort.

Der erste Schritt ist getan, das Fundament ist gelegt. Die Zeit vergeht wie im Flug, und wir haben uns natürlich noch unendlich viel zu erzählen. Wir trennen uns für heute mit einem dahingehauchten Wangenkuss.

Bevor ich jedoch Lottes Haus verlasse, verabreden wir uns zu einem abendlichen Telefonat. Es gibt noch ein Thema, das wir vertiefen müssen: Ich musste nicht lange darüber nachdenken, denn mein Entschluss kam genauso spontan wie Lottes Vorschlag zum Abendessen: Ich werde mich morgen aus dem Online-Dating abmelden! Lotte hält das für verfrüht, aber ich möchte ihr damit vermitteln, dass ich an unsere Zukunft glaube. Mir gehen ihre Sätze des gestrigen Abends nicht aus dem Kopf: »Willst du nicht erst noch andere Frauen kennenlernen?« Und: »Du kennst mich doch noch gar nicht! Wie kannst du dir so sicher sein?«

Nein und Ja sagt meine innere Stimme dazu. Nein, ich möchte keine andere Frau, sondern dich kennenlernen; und ja, ich kenne dich noch nicht, und deshalb freue ich mich auf die vor uns liegende Zeit. Was ich von dir weiß und gesehen habe, ist wunderschön: eine liebevolle, herzensgute, attraktive und intelligente Frau, deren Lebensplan schon ziemlich durchgeschüttelt wurde und die dennoch ihren Humor und ihre gute Laune nicht verloren hat – und die mich offenbar genau so mag, wie ich bin. Was will ich mehr?

Ich möchte Lotte nicht das Gefühl vermitteln, dass ich mir eine Hintertür offenhalte, um genau das zu tun, was ich im Online-Dating so abstoßend finde, die Zuneigung zu einem anderen Menschen unter den Vorbehalt zu stellen: »Ich will nur dann mit dir zusammen sein, wenn sich in den nächsten Wochen nichts Besseres findet.«

Ich wäre entsetzt, wenn Lotte so dächte. Sie tut es nicht, und mir liegt es fern. »Nicht mein Ding!«, sagen wir in der Nordheide dazu.

Ich fahre wieder zum Sportplatz, um meinen Sohn pünktlich abzuholen. Ich bin gerade tiefenentspannt. Wie im wirklichen Leben kann man also auch im Online-Dating ganz spontan seine große Liebe finden, wenn man den richtigen Moment nicht verstreichen lässt, indem man immer noch nach etwas Besserem sucht. Zu Hause angekommen, teile ich meinen beiden engeren Kontakten Alexandra und Sabine mit, dass ich eine liebenswerte Frau gefunden habe und daher den Kontakt zu ihnen einstellen möchte.

Eine kurze Nachricht sende ich auch an die Germanistin, die ich ja absichtsvoll auf Distanz gehalten habe. Auch ihr teile ich mit, dass ich mich aus dem Online-Dating abmelden werde, weil ich meine Traumfrau gefunden habe. Sie dankt mir für meine Nachricht und wünscht mir viel Glück. Zwischen ihren Zeilen spüre ich Enttäuschung, und ich spreche ihr noch einmal Mut und Zuversicht zu, bevor ich Gundula, die ich seit mehr als 35 Jahren kenne, anrufe, um mit ihr darüber zu sprechen, dass ich eine neue Partnerin gefunden habe. Wir verabreden uns für 19.00 Uhr. Mein Sohn möchte auch heute Abend wieder Pizza essen. Seine einseitige Ernährung macht mir Sorge, aber heute Abend bin ich tolerant. Also bestelle ich schon einmal sein Lieblingsgericht beim Lieferservice, damit wir später einen gemeinsamen Fernsehabend verbringen können.

Dann fahre ich zu Gundula und ihrem Mann. Irgendwie muss ich meinem Herzen Luft verschaffen, und so sprudelt die Geschichte meines Online-Datings, meiner Kontaktaufnahme mit Lotte und unseres gestrigen Telefonats aus mir heraus. Ich erzähle von unserem Abendessen und dem Rausch, der Lotte und mich erfasste, obwohl wir an unseren Weingläsern nur genippt hatten. Meine beiden Freunde freuen sich und wünschen mir, dass diese Geschichte so glücklich weitergeht, wie sie begonnen hat. Nachdem ich alles erzählt habe, geht es mir besser. Der Druck weicht der Erkenntnis, dass eine Reihe von Zufällen Lotte und mich zusammengeführt hat und wir beide unabhängig voneinander die richtigen Entscheidungen getroffen haben.

Gundula teilt meine Einschätzung, dass so etwas wahrscheinlich nur einmal unter 100.000 Partnersuchenden passiert. Sie schmunzelt während unseres Gesprächs, denn als Psychotherapeutin kann sie viel besser als Lotte und ich einschätzen, was alles zwischen uns geschehen musste, damit unsere Herzen so spontan zueinanderfinden konnten. Ich verabschiede mich mit den Worten: »Diese Geschichte ist so einmalig und zugleich so unglaubwürdig, dass wir sie als Buch herausbringen sollten, um den vielen Frauen und Männern im Online-Dating Mut zu machen, an ein glückliches Ende ihrer Partnersuche zu glauben.« Gundula teilte meine Auffassung, und so begann die Arbeit an diesem gemeinsamen Buch.

Lotte und ich telefonieren noch kurz miteinander. Ich erzähle von meinem Besuch bei Gundula. Dann reden wir ganz profan über den Fernsehabend. Sie mag den »Tatort« im Ersten am Sonntagabend. Mein Sohn und ich haben uns schon für das »Herzkino« entschieden. Wann, wenn nicht am heutigen Abend?

Es war ein sehr schöner, sonniger Tag im Herbst. Ich bin wieder glücklich!

Niemals aufgeben und an das Wunder der Liebe glauben, diese Haltung hat uns Joachim gezeigt. Sowohl ihm als auch Lotte verhalf ein inneres Gefühl der eigenen Zufriedenheit bei der Partnersuche, sie haben ein gutes Selbstwertgefühl, und diese Kraft wurde beim ersten Treffen spürbar. Ihre eigene Klarheit, Struktur und Sehnsucht ließen ihre Herzen sprechen. Beiden kam zugute, im Gegenüber etwas Vertrautes zu entdecken und sich dadurch sehr schnell auf ihre Gefühle zu verlassen. Da es beide ehrlich miteinander meinen, bleiben ihnen Enttäuschungen erspart. Ihre Offenheit und der Verlauf des Abends sind in dieser Hinsicht allerdings eine Besonderheit und sicherlich nicht alltäglich. Aber auch dir kann eine neue wunderbare Liebe begegnen, wenn du dich nicht entmutigen lässt und, selbst wenn es vielleicht etwas länger dauert, bei deiner Partnersuche authentisch und optimistisch bleibst.

Die Abmeldung beim Online-Portal

Montag, 31. Oktober

Ich schalte meinen Rechner an und gehe auf die Homepage meines Dating-Portals. Ich logge mich ein und suche die Menüführung für die Beendigung der Mitgliedschaft. Das ist nicht einfach, denn der Betreiber hat die Kündigungsoption so gut versteckt, dass ich sie zunächst nicht finde. Nach einigem Suchen werde ich schließlich fündig und kündige noch innerhalb der vierzehntägigen Widerrufsfrist. Ob meine Kündigung registriert wurde, kann ich nicht erkennen. Deshalb verfasse ich noch schnell einen Kündigungsbrief mit meiner Mitgliedsnummer und bereite diesen Brief als Einschreiben mit Rückschein vor. Die Post liegt nicht weit von meiner Bahnstation entfernt, und so gehe ich vor meiner nächsten Reise noch zur Post und gebe das Einschreiben auf. Den Einlieferungsbeleg fotografiere ich und sende Lotte eine WhatsApp-Nachricht mit dem Bild meines Einlieferungsscheins. Online-Dating gehört für mich der Vergangenheit an.

Auch der heutige Oktobertag ist ein sonniger. Während ich nach Berlin fahre, wandert mein Blick über die Wiesen und Felder, die am Fenster vorbeiziehen. Hier und dort liegt Bodennebel über den Wiesen, den die Sonne noch nicht auflösen konnte. Ruhig und verträumt sitze ich am Fenster. An diesem Morgen lese ich keine E-Mails, schaue nicht auf mein Mobiltelefon, sondern genieße den Augenblick der Ruhe und Ungestörtheit. Dienstagabend bin ich wieder zu Hause und dann auf dem Weg zu Lotte. Demnächst wird sie meinen Sohn und mein Haus kennenlernen.

Kurz vor Berlin-Spandau habe ich wieder Netzempfang auf meinem Mobiltelefon. Lotte hat meine Nachricht gelesen und das Bild mit meinem Einschreibebeleg gesehen.

Ihre Nachricht an mich ist kurz: »Du bist verrückt!« Wahrscheinlich hat sie recht. Nicht nur wahrscheinlich – eigentlich haben die Frauen doch immer recht, oder?

Exkurs: Zum Beginn einer neuen Beziehung

Sehnsucht nach Bindung versus Alltagsstress, in dieses Dilemma gelangen leider viele Frauen und Männer. Die Sehnsucht nach der neuen Liebe ist groß, aber die alltäglichen Verpflichtungen des Berufslebens und die emotionale Versorgung der oft noch zu Hause lebenden Kinder sind ebenso herausfordernde Aufgaben. Von allen Seiten kommen Forderungen und Wünsche. Obwohl es auch viel Gutes gibt, fühlen sich viele Beziehungssuchende, die gerade einen Partner gefunden haben, oder frisch Verliebte überfordert und befinden sich damit unter ständigem zeitlichen Stress. Eine neue Beziehung braucht viel gemeinsame Zeit und stetige gefühlsmäßige Stärkung. Schließlich müssen wir einen bis dahin unbekannten Menschen kennenlernen, seine Gewohnheiten und Vorlieben erfahren und mit ihm vertraut werden. Leistungsdruck und ständiger zeitlicher oder beruflicher Stress überdecken die Wünsche und Sehnsüchte des Partners, und im Extremfall verschließen sie unser Herz für eine gute und liebevolle Beziehung. Mit einem neuen Partner verändert sich das eigene Leben. Die liebevolle Verbindung zweier Menschen ist ein kostbarer Schatz, und diese Bindung entspricht auch dem Grundbedürfnis nach Sicherheit, Geborgenheit und Berührung. Nimm dir die erforderliche Zeit für die Zweisamkeit, für schöne Gefühle und Leichtigkeit. Schon die Suche nach einem passenden Partner hat dich möglicherweise viel Zeit gekostet. Dennoch braucht eine gute, dauerhafte Beziehung auch weiterhin deine Zeit und deinen emotionalen Einsatz. Einen liebgewonnenen Partner kannst du schneller verlieren, als du einen neuen Partner kennenlernst!

Wenn du deine Grundbedürfnisse nach Essen, Trinken, frischer Luft und Schlaf nicht stillst, wirst du schnell merken, dass deine Energie nachlässt und deine Unzufriedenheit steigt. Etwas Ähnliches lässt sich auch bei den zwischenmenschlichen Bedürfnissen in Partnerschaften beobachten: Wenn die Sehnsüchte in der Beziehung nicht erfüllt werden, wird eine Partnerschaft emotional leiden. Anzeichen dafür sind beispielsweise abnehmende Toleranz füreinander, zunehmend ungute Gefühle zwischen den Partnern, aus denen sich Traurigkeit,

Rückzug oder Wut entwickeln. Das ist sehr frustrierend und entfremdet beide Partner voneinander. Wenn du eine Entscheidung für einen Partner getroffen hast, nimm dir Zeit, damit ihr eure ganz persönlichen Sehnsüchte erfüllen könnt. Emotionale Nahrung für die Partnerschaft liefern folgende »Zutaten«:

Sonntag, 29. Oktober, ein Jahr später

Ich blinzele nach rechts und sehe zwischen Kopfkissen und Bettdecke ein Büschel blonder Haare, das im Tageslicht aufleuchtet. Ich taste mit meinem rechten Fuß unter Lottes Bettdecke und berühre ihren linken Fuß. Sie ist wach. Unter der hochgezogenen Bettdecke kommt ein leises »Na du!« hervor.

Wie an jedem Sonntag beginnen wir den Tag mit einer morgendlichen Walkingtour. Nach anderthalb Stunden treffen wir wieder zu Hause ein. Frisch geduscht sitzen wir am Frühstückstisch. Im Obergeschoss hören wir ein lautes Gähnen und das Schließen der Badezimmertür. Auch für meinen Sohn hat der Sonntag begonnen.

Das Mittagessen fällt heute aus. Mein Sohn trifft sich mit Freunden. Dafür haben Lotte und ich am Abend noch etwas Besonderes vor. Wir haben für 20.00 Uhr einen Tisch reserviert. Beim Italiener, genauer gesagt bei »Bruno«. Wir werden den Abend mit einem Aperol Spritz beginnen, und ich werde einen guten Rotwein aussuchen, auch wenn ich Auto fahre und nur sehr wenig trinken darf. Wir werden in die Speisekarte schauen. Vielleicht finden sich dort wieder die Hauptgerichte, die wir vor einem Jahr genossen haben.

Ich bin davon überzeugt, dass wir einen romantischen Abend bei »Bruno« verbringen werden, so schön wie alle gemeinsam verbrachten Abende in den vergangenen zwölf Monaten.

Epilog

Das Thema »Partnerschaft« gehört nach unserem Verständnis zu den wichtigsten Entscheidungen des Lebens. Wir suchen den Menschen, mit dem wir glücklich sein können, der uns in unserem Leben begleitet, dem wir vertrauen und der uns vertraut, den wir lieben und von dem wir geliebt werden. Genau deshalb haben wir dieses Buch geschrieben, um dir Mut zu machen, ungeachtet von Enttäuschungen, Hindernissen oder Beziehungsängsten die Partnersuche im Internet als eine Chance für neues Glück anzunehmen. Während des Lesens hast du verfolgt, wie wir mit der Erzählung der Geschichte von Joachim und den fachlichen Beiträgen von Gundula den Verlauf eines Online-Datings chronologisch von der Anmeldung bis zur ersten Begegnung nachvollzogen haben.

Damit wollten wir dich ermutigen und dir veranschaulichen, dass es sich lohnt, nach dem Menschen zu suchen, der dich glücklich macht. Es liegt buchstäblich »in der Natur der Sache«, dass die Partnersuche und Partnerfindung eine komplexe, komplizierte, Zeit und Kraft fordernde Angelegenheit ist. Es geht um dich, aber unter Umständen auch um Kinder, die noch unter der Trennung ihrer Eltern oder dem Verlust eines Elternteils leiden und das Erlebte verarbeiten müssen. In vielen Fällen wird eine neue Partnerschaft nämlich auch Kinder einschließen, die sich auf den neuen Partner ihres Elternteils einlassen müssen. Auch darauf wollten wir in unserem Buch aufmerksam machen.

Wenn es uns gelungen ist, dir Entscheidungssicherheit zu vermitteln und dich für eine neue Partnerschaft zu motivieren, solltest du Online-Dating als Chance sehen, ein gutes Fundament für deine Partnerwahl zu legen. Falls du bereits im Online-Dating einen Partner suchst, kannst du deine bisherigen Aktivitäten anhand unserer Hinweise überprüfen und deine Herangehensweise gegebenenfalls modifizieren.

Egal, wie erfolgreich deine Partnersuche voranschreitet: Bleibe du selbst, und stehe zu deinem Ich. Du bist einzigartig. Es gibt keinen Menschen, der exakt dieselbe genetische Information besitzt, die in jeder Zelle deines Körpers vorhanden ist. Diese Einzigartigkeit ist ein Geschenk der Natur, und deine Individualität ist ein wichtiges Element deiner Partnerwahl. Schaue auf dich, dein Ziel, deine Wünsche, deine Bedürfnisse, deine Vorstellung von Partnerschaft, und nimm dir die Zeit, die du brauchst. Die Suche nach neuem Glück ist eine Entscheidung des Herzens und damit deine ganz persönliche Wahl.

Unsere Erfahrungen und unser Wissen haben wir gerne mit dir geteilt, damit du möglichst viele Chancen wahrnimmst, dich von Zurückweisungen und Enttäuschungen nicht entmutigen lässt und nicht aufhörst, an eine neue Liebe zu glauben. Die Achterbahn der Gefühle erhältst du von uns gratis dazu. Wir wünschen dir, dass du auf diesem Weg einen liebevollen Menschen kennenlernst. Und natürlich wünschen wir dir, dass aus Freundschaft und Zuneigung Liebe wird.

Das Geheimnis
weiser Menschen
Judith Glück
Weisheit
Die 5 Prinzipien
des gelingenden
Lebens
Kösel
Die Weisheitsforscherin Judith Glück präsentiert fünf Ressourcen für ein besseres Leben: Offenheit für neue Perspektiven, Einfühlungsvermögen, Reflektiertheit, ein kluger Umgang mit den eigenen Gefühlen und Selbstvertrauen. Nutzen wir diese Fähigkeiten, kann aus Lebenserfahrung Weisheit werden.
Kösel
www.koesel.de